熊野詣

三山信仰と文化

五来　重

はじめに

熊野は謎の国、神秘の国である。シュヴァルツ・ワルトともいうべき黒い緑の森と、黒い群青の海。その奥にはなにかがかくされている。海と山と温泉の観光地なら、日本中どこにでもある。しかし熊野にはほかのどこにもない何かがある。南紀のあの明るい風光の奥にはこの世とは次元のちがう、暗い神秘がのぞいている。

熊野は山国であるが、山はそれほど高くはないし、森も深くはない。しかしこの山は信仰のある者のほかは、近づくことをこばみつづけてきた。山はこの秘境にはいる資格があるかどうかをためす試練の山であった。ただ死者の霊魂だけが、自由にこの山を越えることができた。人が死ねば、亡者は枕元にたてられた樒《しきみ》の一本花をもって熊野詣をするという。だから熊野詣の途中では、よく死んだ親族や知人に会うといわれた。これも熊野の黒い森を分ける山径《やまみち》が、次元のちがう山路《やまじ》——死出の山路と交叉するからであろう。私も那智《なち》から本宮《ほんぐう》へむかう大雲取越《おおくもとりごえ》の険路で、死出の山路を分けすすんでいるのではないかという幻覚におそわれた。尾根道であるのにじめじめとうすぐらく、黴《かび》くさい径であった。草に埋もれたその径には手の込んだ敷石が延々とつづいていた。その中世のめずらしい舗装道路は、中世人が「死者の国」にあこがれる執念のかたまりのようにおもわれた。

日本には滝が多い。そのなかで那智の滝はながめる滝ではなくて、瞑想する滝である。あの天地のくずれるように、さくなだりに落ちる水音は、われわれの頭のなかから雑念をたたき出して、次元のちがう世界を思考させる。われわれは頭を垂れて、滝にうたれるように神秘にうたれるのである。あの滝を前にして酒を飲むものもなければ、放歌するものもない。中世の滝籠《たきごもり》行者たちはあの水音のなかに、神の啓示や怪異の声をきいたという。それも次元のちがう世界からの呼び声であろう。昭和の現代でも、那智大社のお滝本祈禱所の宿直神官は、夜中怪異の声になやまされて眠れないので、宿直をやめたという。

那智の滝の神秘は大滝の水源をさかのぼって、二之滝、三之滝とすすむにつれていよいよ深まる。髑髏《どくろ》がごろごろしていたという念仏の滝もある。川筋が曲がるたびに、向こうから大蛇か竜があらわれてきそうな渓谷である。そこに身をおくだけで戦慄を禁じえない谷の奥で、花山法皇は何故一人で千日の山籠りをしたのであろうか。それは大滝で現世から断絶された、次元のちがう世界への執念がなければ、とてもできることではない。私が法皇の行在所《あんざいしょ》址へのぼって行こうとすると、道のまん中に五尺にあまる大蝮《まむし》が悠々と横たわって、棒で追っても、闖入《ちんにゅう》者よ去れ、といわんばかりに私を見上げて動こうともしなかった。

熊野の海はかつて補陀落渡海《ふだらくとかい》という水葬や入水《じゅすい》往生のおこなわれたところである。

熊野は山ばかりか海の彼方にまで「死者の国」があった。三山信仰の秘賾《ひさく》はこの「死者の国」であり、「蟻の熊野詣」も「死者の国」すなわち他界へのあこがれにほかならなかったのである。しかし近世以降、熊野神道は仏教からの離脱とともに「死者の国」からも脱皮した。これは近世の国学を背景にした惟神《かんながら》の神道、あるいは明治以後の国家神道の立場からは当然であろう。しかしその熊野神道も、本宮、新宮《しんぐう》、那智の三山ともに、御祭神の神格や鎮座次第に定説がなく、当惑している現状である。

私はあえて熊野を「死者の国」とよぶ。それは宗教学的にいえば、死者の霊魂のあつまる他界信仰の霊場だったからである。これが熊野の謎をとく秘鑰《ひやく》であって、三山信仰の秘密も、熊野詣の謎もこれによってとかれるだろう。熊野は紀州ばかりでなく、出雲にもある。しかしこれも一方から他方へ移ったというのでなく、死者の霊魂が山ふかくかくれこもるところはすべて「くまの」とよぶにふさわしい。出雲で神々の死を「八十《やそ》坰手《くまで》に隠りましぬ」と表現した「くまで」、「くまど」または「くまじ」

は死者の霊魂の隠《こも》るところで、冥土の古語である。これは万葉にしばしば死者の隠るところとしてうたわれる「隠国《こもりく》」とおなじで、熊野は「隠野《こもりの》」でもあったろう。

熊野は中世には浄土信仰のメッカになるが、これも「死者の国」を仏教の「浄土」におきかえたまでである。そして熊野三山に奉斎される神々も、のちにくわしくのべるように死者信仰にふかいかかわりをもつ神々が多い。神は死の穢《けがれ》をきらうのが常識であるが、民俗学に裏付けられた現代の宗教学は、日本人の神観念の成立を、死霊から祖霊へ、祖霊から神霊への霊魂昇華説《れいこんしょうか》で説明する。したがって熊野三山の神々が死者信仰の影をのこしていても、なんら不思議ではない。霊魂昇華説は柳田国男翁の『先祖の話』や、新国学談と銘うった『山宮考《やまみやこう》』、あるいは他界観念の理解に革命的役割をはたした『葬制の沿革について』などに示唆されたものである。一方神道考古学も、墓と神社の関係、墳墓祭祀から神祇祭祀への一貫性を、遺物遺跡で証明している。このようなあたらしい学問の立場から、古代神道の理解や、中世の浄土教、修験道の解釈が可能になってきた。

私は熊野と熊野詣の謎をこのような立場からといてゆきたい。それは日本の中世史の謎をとくとともに、熊野にあそぶ人たちにとっても熊野を理解するよすがともなるであろう。熊野の魅力は、海と山と温泉の風光の美とともに、宗教と歴史の奥行のふかさにある。ふみしめる石磴《せきとう》の一段一段にも、見上げる老杉の一本一本にも信仰と歴史が息づいている。熊野の黒い森と青い海にかくされた謎をかみしめながら、日本民族の幽玄な心と悠久の歴史を思いたいものである。

本書は熊野にあそぶ人々のために、三山の信仰と文化を歴史的に理解する手引になるよう企画された。したがってテーマをエピソーディカルにあつかうことにしたが、内容的には熊野を宗教史、文化史の立場からあたらしく見直し、そのうえ視点を熊野と庶民の関係においたことを断っておきたい。

目次

写真提供／講談社資料センター

熊野詣

三山信仰と文化

第一章

紀路と伊勢路と

熊野へ　まゐるには
紀路と　伊勢路の
どれ近し　どれ遠し
　広大慈悲の　道なれば
　紀路も　伊勢路も
　遠からず

——『梁塵秘抄』——

私がながく念願していた東からの熊野街道を矢《や》ノ川《こ》峠で越えたのは、穂薄のうつくしい初秋の一日だった。昭和三十四年に紀勢線が全通するまで三十年ほどのあいだ、国鉄バス随一の難所といわれたこの峠はもう廃道にちかかった。ナイフのエッジのようにするどく切りこんだ谷を眼下にしながら、どんどん高度をあげる狭い道を、国鉄はよくバスを通したものだとおもう。こんな危険をあえてしたというのも、やはり熊野が伊勢へつながっていた古い伝統がさせたのだろう。人々は熊野の「日本第一大霊験所」へはいるために、このような山道をひらいてまで、伊勢から熊野へ越えようとしたのだ。

目のくるめくような深い谷のむこうには、広重好みの痩せた峯々が夕陽の逆光をあびて連なり、熊野三千六百峯の山脈《やまなみ》が濃淡遠近法でひろがっていた。車のエンジンのオーバーヒートが心配になるころ、峠の頂上につくと、やはり数台のトラックが峠の茶店の前でエンジンを冷やしていた。国鉄バスもここで二、三十分休んでから下りにかかった話を、昭和の初年に東京から、わざわざこのバスに乗りにきた先輩からきいたことがある。この休憩は乗客へのサービスも兼ねていて、ここから熊野灘の眺望をほしいままにするのが有名だった。

熊野灘といってもここの風景は女性的で、尾鷲《おわせ》湾から二木島《にぎしま》への迷路のような入江と岬角が航空写真のように俯瞰される。同行の熊野市教委の平氏と清水氏の話では、ここできく夏の山鶯がすばらしいということだが峠の茶屋と鶯がぴったりする古い道である。しかしこの道を車が通れるのもあと一、二年のことだろう。いまこの山腹をぶちぬいて二〇八〇メートルの矢ノ川隧道《すいどう》が完成間近だからである。そうなればこの道は完全に廃道になって、明治初年に改修される以前の巡礼道にもどってしまうにちがいない。その消滅一歩手前の光芒のように、たまたま出会う小型トラックは悪路にお転婆な尻をふりながら、ひどい土埃を跳上げて駈けおりていった。

しかし平氏の話によると、熊野街道のほんとうの伊勢路は、矢ノ川峠より海岸寄りの八鬼山越《やきやま》だったそうである。伊勢から熊野を目ざした道者は、荷坂峠を下って長島、尾鷲の海岸へ出ると、眼前に掩いかぶさる山塊を見て、どこを越えたものかと迷ったであろう。とにかくここが伊勢路最大の難所で、これを越えると鬼ケ城《おにがじょう》の奇勝が目をたのしませ、熊野地方には唯一の平坦な熊野有馬村と、七里《しちり》御浜《みはま》ののどかな風景がひらけてくる。

花ノ窟

この山から平野への境にある岩塊が花《はな》ノ窟《いわや》で、熊野が『日本書紀』にはじめて見えるのは、この熊野有馬村に葬られた伊弉冉尊《いざなみのみこと》の陵といわれる花ノ窟である。亜熱帯樹叢に掩われた岩塊の洞窟は、古代人にとって火の神を生んで灼かれて死んだ女神のシンボルと見えたのであろうが、また陵として花の祭がおこなわれたというのは、「こもりく」の熊野の死者信仰をあらわしている。中世になるとここに経を埋め卒都婆《そとば》を立てるなどして、死者の供養がおこなわれたのも当然である。

普通熊野といえば熊野三山をふくむ、和歌山県側の東牟婁《むろ》、西牟婁二郡をさしているる。ところがここ三重県側の有馬村をふくむ木之本一帯の南牟婁郡に熊野市が生まれたのは、熊野信仰の発祥を有馬村の伊弉冉尊の陵とするからであろう。私も今度はじめて知ったのだが、ここから熊野三山に詣でるには鉄道や国道で熊野川をわたって新宮へ詣でるだけでなく、尾呂志《おろし》、板屋を越えて本宮の奥之院の玉置山《たまきさん》へ出たり、楊枝《ようじ》薬師で、熊野川中流を渡船でわたり、小雲取越《こくもとりごえ》で本宮へ直接出たという。国鉄紀勢西線が先に開通してからのわれわれの熊野詣の概念とちがっていくつかの道があったのである。

一方平安時代の末に、はなやかな貴族の熊野詣が紀伊路を通るようになってから、伊勢路はさながら裏街道の観を呈するが、それでも一般庶民は多くこれを利用している。したがって平安時代の末の俗謡をあつめた『梁塵秘抄《りようじんひしよう》』にも、冒頭のような今様歌があって、庶民は紀路も伊勢路も同価値と見ている。もちろんこの今様歌は紀路と伊勢路が同距離だというのではなく、熊野の神の広大なる慈悲をうけるには、どちらを通ってもおなじことだという判断である。そしてまた大げさな行列をくんだ貴族の紀路を通る熊野詣にたいして、庶民の伊勢路からの熊野詣だって、功徳《くどく》はおなじなのだという主張がふくまれている。

紀路、俗に小栗街道《おぐりかいどう》とよばれる紀伊路についてはのちにくわしくのべるが、この道は遠くかつ嶮難の道である。伊勢路は矢ノ川峠をのぞいては概して平坦で街道筋の人家もおおい。距離からいっても京都を起点とすれば一般的な印象より伊勢路は熊野へちかいのである。私も何度か熊野へかようので国鉄の距離表をしらべたら、伊勢回りは京都から新宮まで二五八・八キロで、和歌山回りの三一五・五キロより五六・七キロみじかく、大体二割方ちがう。ただ本宮を終点とすれば、ほぼ同距離で『梁塵秘抄』のようになるが、これも本宮、新宮、那智の三山をめぐることをかんがえると、どうしても紀伊路は遠いといわざるをえない。

熊野詣の道としてはこの紀伊路と伊勢路のほかに、高野《こうや》から伯母子《おばこ》岳と果無《はてなし》山脈を越えて八鬼尾（八木尾）へ出て本宮にいたる高野街道、吉野から大峯山上ケ岳を経て大普賢岳、弥山《みせん》、仏生岳、孔雀岳、釈迦ケ岳、大日岳、地蔵岳などの稜線を、いわゆる七十五靡《なびき》の行場《ぎょうば》修行をしながら、玉置山から本宮へ出る行者道、吉野から北山川の河谷を木之本（熊野市）へ出る北山街道、そして十津川《とつがわ》渓谷を筏に便乗して本宮へ出た十津川街道などがある。十津川街道はいまでは、国道一六八号線が全通して奈良から五條市を経て十津川に沿って一路南下し、本宮から新宮へ通ずるようになったので、自動車を利用する分には十津川道が最短距離となった。

これらの熊野詣の道筋のうちで、修験道はなやかなりしころの吉野熊野行者道は論外として、一般道者のたどる道路としては伊勢路がもっとも容易であり、紀伊路がもっとも難路である。紀伊路も田辺から海岸をたどる大辺路《おおへじ》と、山中にはいる中辺路《なかへじ》の差はあるが、その旧道をあるいてみた者には、なにゆえに院政期の貴族が伊勢路をすてて紀伊路をとったかという疑問がおこる。そしてこれにこたえることが熊野詣の謎をとく鍵となるだろう。また伊勢路がはやくひらけたということは、交通路の問題のほかに伊勢が熊野信仰の本質とふれあう何者かがあったことをしめすものではなかろうか。

いまわれわれは南紀・熊野の風光や温泉にひかれ、歴史と信仰にうらづけられた熊野の特異な文化をもとめて、それぞれの便宜にしたがって東からも西からも国鉄紀勢線を利用する。しかし熊野の歴史からいえば紀伊路をとるか伊勢路をとるかには、神々の神名や本地《ほんじ》仏《ぶつ》を変えさせるほどの重大な意味があったのだということを、ここであらためてかんがえてみたいのである。

熊野がはじめて歴史に姿をあらわすのは、『日本書紀』神代巻（上）の、

一書に曰く、伊《い》弉《ざ》冉《なみ》尊、火神を生みたまふ時に、灼《や》かれて神退《かむさ》りましき、故《か》れ紀伊国の熊野の有馬村に葬《はふ》りまつる。土俗《くにひと》此の神の魂《みたま》を祭るに、花ある時には亦花を以て祭り、又鼓吹《つづみふえ》幡旗《はた》を用《もつ》て歌ひ舞ひて祭る。

とある条《くだり》で、伊勢の祭神、天照大神の母神の葬られた国として知られたことがわかる。もちろん伊弉冉尊の実在などかんがえられぬとしても、伊勢を表とすれば、熊野は裏であるという感覚がすでに奈良時代以前からあったとだけはいえるだろう。いいかえれば伊勢は顕国《うつしくに》であり、熊野は幽国《かくれくに》である。古代人は死者の霊のこもる国がこの地上のどこかにあるとかんがえ、これを「こもりくに」（隠国《こもりく》）とよんだが、「くまの」は冥界を意味する「くまで」、「くまじ」とおなじ「こもりの」の変化であろう。

ここで『日本書紀』にいう熊野有馬村が現在の三重県熊野市有馬であることはほぼ

うごかぬとしても、この村の海岸に現存する花ノ窟が伊弉冉尊の陵かどうかは断定できない。ただ矢ノ川峠をこえた山の彼方に、神々の隠国《こもりく》があるとした感覚は、宗教学の山中他界観念説をひくまでもなく、十分是認されてよいであろう。

このような意識はやがて神道上の伊勢熊野同体説を生むことになるのだが、鳥羽天皇の永久四年(一一一六)にまとめられたといわれる『江談抄《ごうだんしょう》』には、

熊野三所は伊勢太神宮の御身といふ。本宮ならびに新宮は太神宮なり。那智は荒祭《あらまつり》、また太神宮は救世《くせ》観音の御変身といふ。この事民部卿俊明の談ぜらるるところなり

などとひいている。これはまたこのころ伊勢大神宮に詣でたのち、矢ノ川峠をこえて熊野へも詣でる巡礼者が多かったことをしめすもので、この前後からさかんになる西国三十三所巡礼が那智青岸渡寺《せいがんとじ》を一番の札所として二番紀三井寺、三番粉河寺《こかわでら》とすむことにも、熊野詣が東からはいったことをおもわせる。

このコースはもっぱら東国の巡礼者に利用されたもので、畿内のものは西から紀伊路をたどったものだという説もある。しかし私のきいたところでは、大和や和泉あた

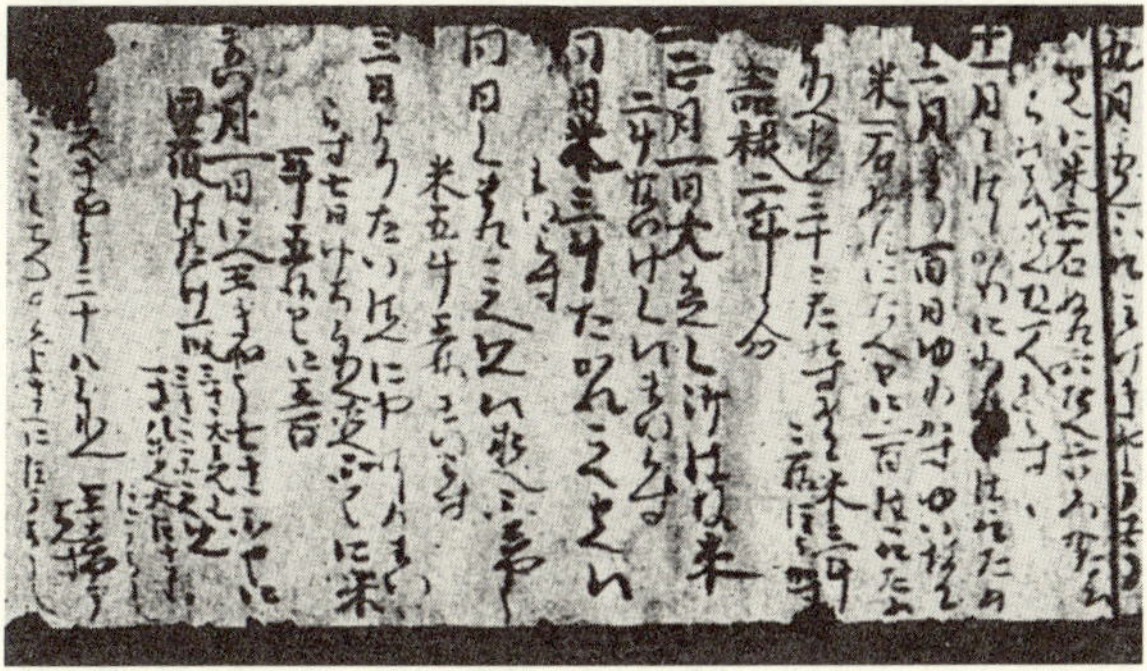

『藤原実重作善日記』

りの人々でも、江戸時代から明治初年ごろまでは、村の結婚前の男女がさそいあわせて群をつくり、長谷《はせ》から伊勢へ出て熊野へ詣で、それから田辺、和歌山をへて帰郷したものだったという。途中は乞食《こつじき》しながら七日から十日かけてまわるのだが、この伊勢熊野詣をしなければ一人前ではないといい、一種の通過儀礼だったのである。

伊勢へ七度《ななたび》、熊野へ三度、お多賀様へは月詣り

これはお多賀様を愛宕《あたご》様となまった地口《じぐち》もあるけれども、それはまちがいでお多賀様が正しい。近江の多賀大社は天照大神の親神、伊奘《いざ》諾《なぎ》・伊奘《いざ》冉《なみ》二神をまつった神社で、延命長寿、

縁結びの神として知られ、伊勢・熊野とならんで中世には信仰された。

鎌倉時代には庶民のあいだに、伊勢・熊野および多賀を同体として信仰することがさかんで、これをよくしめす史料が『藤原実重《さねしげ》作善《さぜん》日記』である。この史料は三重県四日市市富田、善教寺の阿弥陀如来像の胎内から、戦後に発見されためずらしい史料で、伊勢の田舎の一豪族、藤原実重が貞応三年（一二二四）から仁治二年（一二四一）まで、毎年の神仏参詣や奉納奉賽の金銭米穀を克明にしるした日記である。とくに伊勢と熊野への作善がくわしいが、毎年元日にはかならず、伊勢と熊野と多賀へ米を奉賽するのがつねであった。

一、正月一日　大しんく（神宮）御はな米　二斗ないけく（内外宮）にまいらす
同日　米三斗　たか（多賀）のこせん（御前）にまいらす
同日　くまのこんけん（権現）におんふしやう（御仏餉）米　五斗五升まいらす

また藤原実重は毎月の一日にはかならず、十人の僧をよんで仁王経七座の読誦《どくじゅ》をおこなわせるが、そのうち三座は伊勢大神宮のため、三座は熊野権現のため、一座は八幡大菩薩のためである。年末にはよく熊野参籠をして、一生のあいだに三十度の参籠

を立願していた。そして熊野の「だうたいのはら」で、熊野道者のために千日の湯施行をたびたびおこなう無料入浴の功徳行をつんでいる。このころは伊勢と熊野に月詣りする慣習もあったらしく、実重は延応二年（一二四〇）五月一日に、白米一斗と扇子一本を月詣りの者に託しておさめたなどと書いている。扇子はおそらく熊野の扇祭につかわれるものだったろう。

　このように中世の庶民信仰では伊勢と熊野は密接な関係にあったが、これは古代的な熊野信仰を庶民が保存していたことと、伊勢路の利用が依然としてさかんだったことをしめすものであろう。奈良時代の仏教説話をあつめた『日本霊異記』は、紀州牟《む》婁《ろ》郡熊野村に南《みなみ》菩薩とよばれた永興禅師のもとで、法花経修行をしながら、伊勢の国へ出て行った一人の聖《ひじり》の話をのせている。この説話も奈良時代に熊野の交通路が伊勢へひらかれていたことをしめすが、この聖は途中の山中で妙な自殺（捨身《しゃしん》）をした。というのは麻縄で両足をしばり、その端を断崖の巨巌にくくりつけて、その上から身を投じて宙吊りになって死んだのである。

　これは現代人の目からは不可解な死に方であるが、熊野にはこのような死に方で往生をとげようという信仰が古代からあった。一般に古代的霊場には捨身往生や入水往生、あるいは火定《かじょう》（焼身自殺）によって、来世の安楽をえようとする信仰があり、さかんに実行されたのである。そして熊野はそののちも入水や焼身や捨身がおこなわれた霊場であるが、件《くだん》の聖は一年後に死骸を木樵《きこり》がみつけたときも、三年たって髑髏になってからも、法花経読誦の功徳によって、舌のみは朽ちずにたえず淋しい山の中で、法花経をとなえつづけたという。まことにうすきみわるい話ながら、熊野にはこうした死者信仰があって、やがて中世の熊野詣の伏線になったのである。

ところで中世的な浄土信仰のめばえた院政期になると、古代的な死者の国、熊野は阿弥陀如来、あるいは観音の浄土として意識されてくる。このような古代原始信仰における他界が、中世には浄土となる例は高野山や善光寺にも見られる。とくに熊野本宮は本地阿弥陀如来を御本殿にまつり、証誠殿《しょうじょうでん》と称して念仏者の往生を証明する神となった。したがって熊野は中世浄土教のメッカとしてさかえることになるのであって、念仏聖一遍上人も念仏について抱いた疑問を証誠殿の託宣で解決し、時宗の一派をひらいた。このような中世の熊野信仰を芸術作品として表現した熊野影向《ようごう》図も、実は「山越《やまごえ》の弥陀」という来迎図の構図をとったもので、熊野全体を弥陀の浄土とする信仰をあらわしている。

このように熊野信仰の中世的変質が、院政期を境におこってくるとともに、熊野三山の信仰管理者は急速に仏教に傾斜してゆくのは当然であろう。まず寛治四年（一〇九〇）白河上皇第一回熊野御幸《ごこう》のとき、三山検校に園城寺《おんじようじ》の増誉が任命され、それ以後、行尊、覚宗、覚讃などの名ある修験者が三山信仰を統括することになる。これは伊勢と熊野を同体とする古代信仰を解体させ、熊野は仏教化した独自の教団を組織するようになった。この転換期を象徴するのが、伊勢路から紀伊路への転換で、公的な熊野詣はすべて紀伊路を通るようになるのである。

もちろん庶民信仰ではこんな具合にきっぱりと割り切ったわけではなく、伊勢あっての熊野、熊野あっての伊勢であったが、神道理論の上からはこのとき以来、伊勢と熊野は截然《せつぜん》と分離する。この神道理論を結論づけたのが有名な『長寛勘文《かんもん》』である。

この勘文が長寛元年（一一六三）に、院政政権の公式見解として発表されたのには、つぎのような経緯《いきさつ》がある。久安年中（一一四五〜五一）に甲斐守藤原顕時が八代《やつしろ》庄を熊野社に寄進したところ、次の国守藤原忠重は長寛元年にこの庄園を横領して、熊野から派遣された神人《じにん》を捕縛した。これを処罰するのに、もし熊野と伊勢が同体ならば、忠重は大神宮の神物を横領したと同罪で、絞首刑にあたるが、同体でなければ流罪ですむ。そこでこの裁判の量刑は伊勢と熊野の同体か否かの神道理論にかかることになり、政府はその断定をせまられたわけである。当時の政治にとっては宗教問題は外交問題や経済問題よりも重大であったので、朝野の大きな論議をよんだのであるが、最後に同体にあらずという勘文が採択された。

この決定を下したのは太政大臣藤原伊通《これみち》であり、旧史によって論証したのは清原頼《より》業《なり》であった。その三証というのは、第一に伊弉冉尊の葬地は出雲伯耆の境の比婆山《ひばやま》であって、熊野有馬村は一説にすぎない。また『延喜式』には伊勢に伊佐奈弥《いざなみ》宮はあるが、熊野社は紀伊の神であるから同体ではない。第二に熊野では速玉之男神《はやたまのおのかみ》をまつるが、これは伊弉冉尊の子であって、御子《みこ》神と母神を混同するのは理屈にあわない。第三に伊勢大神宮は私幣を禁じ仏事を忌むのにたいして、熊野は僧徒が仏教をもってまつる点、両社ははるかに異質的な神社である。熊野社が日本国民を撫育《ぶいく》し、皇室を保護するにいたってはまことに霊験いやちこ、かくれなき事実であるが、だからといって祭神と祭事ははっきりと区別しなくてはいけない、と主張した。

もともと伊勢熊野同体説は伊勢の天照大神とその親神伊弉諾、伊弉冉二尊を同体とする無理な説で、伊勢路を利用して伊勢と熊野をかけて巡礼する参拝者が多かったことからいいだされた便宜的な神道説にすぎない。大体このような神道や神仏習合の理論というものは、まず両者をつなぐ交通や社地や庄園や祭祀のような形而下の現象がまず成立して、これを正当化するためにかんがえだされる便宜主義の理論が多いのである。したがって伊勢熊野同体説のようなものは、かつて熊野詣に伊勢路がいかに多く利用されたかをものがたるものとしてうけとらなければならない。そして矢ノ川峠を境として伊勢と熊野は表と裏、陽と陰、生と死、神と仏という対立関係で意識されるようになったものとおもわれる。

ところでなにゆえに平安末からの公式熊野詣が伊勢路にかわって、紀伊路がもちいられるようになったかという疑問であるが、これはすでにふれたように、院政期からさかんになった浄土思想が熊野におよんで、僧徒によって管理される熊野は伊勢と絶縁しなければならなくなった。また上皇や公卿の熊野詣を先導供奉するのは山伏僧徒であり、その目的は一切経供養や如法経供養や塔供養、あるいは両界曼荼羅供養などをおこなうためで、莫大な経典仏具をはこぶ行列である。この行列で堂々と伊勢を通り、仏事をきらった大神宮に奉幣して、熊野へおもむくというのは、およそ気のひける仕業であろう。それにもう一つ、このような巡礼巡拝には難路悪路を苦労して詣れば詣るほど、功徳が大きいという苦行の論理があったことである。

熊野へ参らむと　　思へども
徒歩《かち》より参れば　　道遠し
すぐれて　　山きびし

馬にて参れば　苦行ならず
空より参らむ
羽たべ　若王子《にゃくおうじ》

熊野へ　参るには
何か苦しき　修行者よ
安松　姫松　五葉松　千里の浜

いずれも『梁塵秘抄』の今様であるから、このころには熊野詣は一般の物詣とはことなり、苦行とかんがえられたことがわかる。今様は俗謡だから「羽賜べ　若王子」などと洒落てはいるが、苦行なるがゆえに馬に乗ることは正しい詣り方ではないし、徒歩にはあまりに遠く、且つ、けわしい中辺路の道である。千里や切目の浜の景色がいかにうつくしく、浜に生えた安松、姫松、五葉松の楚々たる姿にみとれようとも、海岸の岬々を登ってはくだり、くだってはまたのぼる大辺路はあまりにも苦しい。熊野の霊験談にはしばしばこの苦痛にたえかねて、三度の立願を一度でやめてしまおうとおもいながら神前にまどろむと、神からはげまされた話がのこっている。何しにこんな苦しみをなめなければならないのだろうかと、足の底肉刺をかぞえながら野宿した道者もすくなくなかったであろう。

私も夏の一日、那智から本宮への大雲取越の旧道を、滝のような汗をしぼりながら喘ぎ喘ぎ越えたとき、霊験談にあらわれる挫折道者の気持に共感できた。案内のK君の手前がなかったら、そしてこの中世の黴《かび》くさい敷石道を掩いかくす、早百合《さゆり》の大群落に出会わなかったら、私も途中でへたばってしまったかもしれない。そしてこのようなときであろう、有名な雲取越の怪異があらわれるのは！　うすぐらい木下闇《このしたやみ》の道をむこうからすたすたとくる人がある。見ればそれは父母であったり、友人であったりするのだが、かれらは何もいわずにすれちがって、またすたすたと行ってしまう。あまりのおどろきに声もかけられずに、あとを見送りながらハッとおもう。あの人は去年死んだ人だ！

よく死者に出会うという熊野道の怪異は、あまりの難路にあえいで呆然としたときの幻覚でもあろうが、また熊野を死者の国とした古代信仰の残像であるかもしれない。そして熊野詣の苦行は、死者に代って罪障《ざいしょう》を消滅し、後生《ごしょう》安楽ならしめようという、代受苦《だいじゅく》の苦行であった。いやそればかりでなく自分が今生《こんじょう》でおかした罪業のために、末世においてうくべき六道《ろくどう》の苦痛を生前に果たしておこうとする滅罪の苦行でも

あった。平安中期に熊野詣をした増基法師の紀行文学『いほぬし』にも、

たふとき所々拝みたてまつり、我身の罪をほろぼさむとある人有りけり。いほぬしとぞいひける。神無月の十日ばかり熊野へまうでけるに

とある。このような苦行はまた過去現在の罪穢を業因《ごういん》として、いま受けている病患や不幸の苦果《くか》を消滅して、現世安穏ならしめる宗教的目的をもつものである。この時代の仏教的唱導は、業因にたいする苦果の必然性を、因縁談の説経や地獄変相図《へんそうず》などの視聴覚を通じて貴族や庶民にうったえたのであって、「歴門仮説《れきもんかせつ》して、因果を説く」といわれた行為にあたる。しかもその業因は自分に責任のない前世、あるいは先祖の罪業をもふくんでいたので、現世の病患や不幸、あるいは来世の堕地獄のくるしみはのがれがたく、因果応報の法則は、林檎が木から落ちるよりも確実とおもわれたのである。

しかしこのような唱導には、必然的宿業の苦痛をのがれるための救済の方法もまたとかれた。その方法というのは宗教的な罪ほろぼしをすることで、これを作善《さぜん》という。それは写経や造寺・造仏・造塔、あるいは僧を供養し、法会《ほうえ》維持に金銭や労力を

提供することである。これをもっとも簡便にしたのが融通念仏《ゆうずうねんぶつ》に参加することで、それは往生のためというよりも地獄におちないため、また不幸や病患をさけるための滅《めっ》罪行《ざいぎょう》であった。そのうえ熊野山伏のような修験道は、もう一つの日本独自の滅罪法を用意していた。それは禊祓《みそぎはらい》や山林抖擻《とそう》の苦行である。その論理は罪は穢であるから禊祓によって消滅するとともに、苦行という肉体的苦痛によって贖《あがな》うことができる。したがって熊野詣はまず前行《ぜんぎょう》として、熊野精進屋《しょうじんや》にこもって厳重な禊祓をするばかりでなく、熊野路の途中の王子社ごとに禊祓をおこなわねばならない。そのうえ、紀伊路のように山坂の多い嶮難の道を通って、つぶさに辛酸《しんさん》をなめるのである。その行程は苦痛が多ければ多いほど、功徳もまた多いのであるから、紀伊路の嶮難をいとわなかったのは当然である。

　中世の熊野詣の道中をくわしくしるしたのは、藤原定家の『後鳥羽院熊野御《ご》幸記《こうき》』であるが、その道は「崔嵬《さいかい》嶮路」とか「樹陰滋《しげ》く、路甚だ狭し」とか「心神無きがごとく、殆んど前途遂《と》げ難し」、あるいは「嶮難遠路、暁より食せず、無力極めて術無し」など、くりかえしくりかえし、その行路の困難をしるしている。宿所も「窮屈平臥」とか「寒風為《いた》し方なし」あるいは「寒風枕を吹き、咳病《がいびょう》忽《たちまち》に発す」などとあるが、それでも水垢離《ごり》、潮垢離を怠ることはなかった。

また『平家物語』の「康頼祝言《のっと》」の巻は、鬼界ケ嶋にながされた俊寛《しゅんかん》、康頼《やすより》、成経《なりつね》のうち、康頼と成経は熊野権現の霊験で赦免帰洛することができる。この巻はおそらく熊野山伏の唱導が『平家物語』にくみこまれた部分と推定されるが、二人は鬼界ケ嶋のなかに熊野に似た地形の山や滝をさがして、本宮、新宮、那智の三山をまつり、そこにいたる紀伊路になぞらえて九十九王子《くじゅうくおうじ》をまつる。そして毎日熊野詣の苦行をしては帰洛をいのったのである。そのありさまは「沢辺の水を垢離に掻いては、岩田川のきよき流れと思ひやり」と禊祓をしながら、

峨々《がが》たる嶺のたかきをば、神徳のたかきに喩《たと》へ、嶮々《けんけん》たる谷のふかきをば、弘誓のふかきに准《なぞら》へて、雲を分けてのぼり、露をしのいで下る。爰《ここ》に利益の地をたのまむば、いかんが歩《あゆみ》を嶮難の路にはこばん

という苦行に明け暮れた。多少文学的誇張はあるとしても、熊野詣は苦行であるという思想がよくあらわれている。

しかしこうした苦しみをなめながら歩いた紀伊路もいまはほとんど廃道である。古代の交通路の常として、路はほとんど直線的に峯に上り、谷に下り、川を徒渉して迂

回しない。とくに大阪（坂）本峠越と岩上（神）峠越と雲取越は険路であった。これらは旧道が二転三転して、いわゆる御幸道をたずねるにはよほどの古老に会わないとわからない。大阪本峠越は滝尻王子で富田川（旧岩田川）をわたり、王子の上の乳授け地蔵から飯盛山へ真直ぐによじのぼるのが古い道で、今の谷口集落から高原集落へ出るのは二次的な旧道である。それから十丈峠、悪四郎山をすぎて大阪本峠へ一条の道がつづく。しかしいま県道は富田川の河曲にそってずっと北を通る。その県道も最近逢坂峠隧道が抜けて、戦前に私がバスで越えた県道ははるか上の方に廃道となっていた。

旧熊野街道は王子址をたどればよいが、その王子址は現在の交通路からは想像もつかないところにある。最大の難所は岩上峠で、この上り口を見出す人はよほど幸運である。それは小広峠の人家で大体の見当をきいて行っても道が切れてしまうからで、古道はそこで川石を跳《と》んで向こう岸につづくのである。峠に上ればいわゆる熊野三千六百峯から大峯連峯が見わたせる。しかしこれから道湯《どうゆ》川の廃村をすぎて三越《みこし》峠を越えれば、道ノ川から古道は音無川の源流をなす河原を石から石へ跳びながら下ったのである。川水が増した時は徒渉しても危険はさけがたかったとおもう。二キロ余下って玉姫稲荷と船玉《ふなたま》神社へ出て山腹の杣道《そまみち》になるが、これが古道かとおもって感慨にふけっていると、案内の老人は一段上を横切るけもの道のようなところを指さして、あれがほんとうの御幸道ですと教えてくれた。

紀伊路の中辺路は本宮から雲取越を通って那智までつづいている。しかし一般に三山巡りは本宮から熊野川を船で新宮に下り、新宮の参拝をすませてから浜王子、佐野王子、浜ノ宮王子、市野々王子を経て那智へ出た。そして本道は那智から大雲取、小雲取の嶮を越えて本宮へもどり、ふたたび中辺路を京へ帰った。この雲取越には敷石が実によくのこっていて険路をやわらげているが、相当危険をともなった道とおもわれる。このような難路をあえていとわず、熊野詣がおこなわれたその精神的背景に、われわれは中世人の強烈な滅罪信仰と浄土信仰の二面をみとめることができる。

死者の国の鳥

さてさぶらふほどに、霜月廿日のほどのあすまかで《（罷出）》なむとて、おとなし川のつらにあそべば、人しばしさぶらひ給へかし。神もゆるし聞え給はじなどいふ程に、かしらしろき烏ありて

山烏　かしらも白く　なりにけり
我かへるべき　時やきぬらむ

——『いほぬし』——

ちかごろは熊野をあるいてみても、さっぱり烏《からす》をみなくなったのはさびしい。しばらく滞在した那智の青岸渡寺の宿坊、尊勝院《そんじょういん》の縁先から光ケ峯や最勝峯の原始林と、蓊々《とうとう》とたぎりおちる大瀑布をのぞむながめは天下一品であるが、その上を舞う鳶《とび》は見ても、烏はついぞ見かけなかった。

本宮でも水の涸れた熊野川の河原と旧社地の大樹叢は烏の絶好の棲家と見えたが、鳶ばかりが悠然と飛翔するだけだった。ただ請川《うけがわ》から大塔川《おおとうがわ》沿いにさかのぼって川湯《かわゆ》へ出るとき、河原をゆっくり逍遥したり、岸の枯木に寒風にふかれながら瞑想する、

一群の烏を見つけたときはうれしかった。さすがに神鳥としておそらく数千年、畏敬と保護にならされたために、図々しいまでにおっとりして、うごくのも物倦《ものう》そうであった。

同行のカメラマン氏の話では、烏は大きくみえても身はあんがいに小さいので、銃で撃っても羽毛のなかを銃弾が通りぬけるだけで、なかなか落ちないものだし、獲ってみたところがほとんど肉はないそうである。たとえ肉があっても中まで真黒でうまくないだろう——などと悪口をいうと、熊野では罰があたって口が曲がる。烏という鳥はふだんでもうすきみわるい鳥だが、鳥類のなかでもっとも利巧な鳥だそうで、平気で人のそばに寄ってきて人間の心をよみとろうとするようだ。私も子供のころ烏の子をもらって飼った経験があるが、かつて人間と共同生活をしたのではないかとおもうほどよくなつく。

柳田国男翁は、『野鳥雑記』のなかで、雲仙国立公園のゴルフ場では、ロング・ショットの白球を烏がとんできて、大きな嘴でナイス・キャッチしてもっていってしまう話をあげている。それは何十世代かにわたる「烏勧請《からすかんじょう》」に、投げあげる白餅をうけとる習性がのこったものだろうという。烏が神使《かみつかい》として供物を饗せられたのは熊野だけではない。かつては全国津々浦々で、正月の初山入りの日には、白い餅やシトギ

団子を、

　からーす　からす

あるいは、

　みさーき　みさき

というかけごえもろとも、空中に投げあげると、烏がとんできて嘴でうけとってたべたという。これが烏勧請の民俗であるが、北関東での私の記憶では白紙にのせた小餅十二個を、山の中の笹の上におき、切紙を御幣《ごへい》のように笹の枝につけて烏の目印とし、「からーす　からす、みさーぎ　みさぎ」とよんだ。まわりの松の木に烏はたしかにおったような気はするが、餅をなげることはなかった。しかし大和の大三輪《おおみわ》町穴師の「烏の餅遣り」では、

　から《(烏)》ごん　からごん　餅やるわ

十二の餅は　われ《（汝）》一つ
俺には二つで
柘榴三つと　代えことしよう
宙で取ったら　皆やるわ

とうたったというから、空中になげあげて、烏がうけとった時代があったらしい。

からすは　カァカァ　勘三郎
すずめは　ちゅう　ちゅう　忠三郎
からすは　熊野の　かね叩き
一日たゝいて　麦一升

と、ねぐらにいそぐ烏をはやす夕焼けの情景は見られなくなったが、「からす勘三郎」の地口は「烏勧請」からきていることはたしかである。そして喜多村信節《きたむらのぶよ》の『嬉遊笑覧《きゆうしょうらん》』によると、熊野の鉦叩きは日暮坊という歌念仏の勧進聖で、西鶴も『好色一代男』に大和の猿引、西の宮の夷《えびす》まわし、浮世比丘尼とならべている門付《かどづけ》の遊芸者であった。鳥勧請のよび方には「しなーい　しない」とか「ろーろーろーろー」とか「かっから　かっから」とか、いろいろよび方がある。しかし「みさーき　みさき」が一般的で、ミサキは神の御先《みさき》、すなわち神使という意味もあるが、たたりやすい死霊をこうよぶことが多いのを、まず注意しておきたい。

安芸の宮嶋では「島回（廻）祭」におこなわれる「お鳥喰式《とぐいしき》」に養父崎《やぶさき》神社の沖合で鳥に供御を饗する。このとき神官が藁船にのせ、御幣を立ててながす粢団子《しとぎだんご》を、毎年きまった二羽の鳥がたべにくるという。これは夫婦烏《めおとがらす》とよばれる神使で、この日をおぼえていて養父崎浦の松の木に待機しているのだと、広島の人は信じている。これをかたってくれた広島大学のF教授に、私はうっかり「まさか」と疑問をはさんだら、これは絶対にまちがいないんだと力まれておどろいたことがある。これが信じられないのは広島人ではありえないものらしい。しかもこの夫婦烏が引退するときは、相続の夫婦烏をたててから、熊野へ隠居するので、厳島神社の末社、大野神社で四羽の鳥の「子別れ」があるとつたえられている。このお取喰式のおこなわれる養父崎《やぶさき》のヤブは墓を意味することばであり、米の生粉《なまこ》を水で煉った粢《しとぎ》団子も普通死者への供物であることも注意しておきたい。

宮嶋の頂である弥山《みせん》は熊野とおなじ霊のこもる他界信仰のある霊場である。海をこえた伊予地方では、人が死ねば霊魂は宮嶋の弥山へゆくという。これが転じたらしく、四国では「誰それが死んだ」というかわりに、「誰それは広島へ煙草買いにいった」という隠語がもちいられる。弥山を死霊のこもる他界、すなわち「くまの」とした痕跡は、登山路の途中に賽《さい》の河原の積石や水向け地蔵、供養の石仏、石塔、あるいは求聞持《ぐもんじ》堂の「消えずの火」や梵字《ぼんじ》岩などにうかがうことができる。こうした神聖な他界なるがゆえに、島内に死者の遺骸をほうむることができず、対岸の赤崎に埋葬する。すなわち赤崎の埋め墓にたいして、宮嶋を詣り墓とする霊場信仰型の両墓制である。したがってお鳥喰式でシトギの供物をうけるために飛来する鳥は、その霊魂の去来する姿にほかならなかったのである。

　いまでは墓にまつる死霊の浄化されたものが、寺でまつる祖霊であり、祖霊の昇華したものが神霊として神社にまつられたという霊魂昇華説は、民俗学や宗教学ではうたがうもののない仮説である。江戸時代の偏狭な国粋主義的神道学者が、死霊、祖霊をまつる仏教と、神霊のみをまつる惟神道《かんながらのみち》とを截然《せつぜん》とわけたために、常識的にはこの昇華説はうけいれられていない。しかし山の神・田の神・火の神・地神・屋敷神・柴神《しばがみ》・藪神・ヤボサ神・小一郎神などの低級な叢祠には死霊から祖霊、神霊への中間段階的民俗信仰が色濃くのこっている。

熊野九十九王子がそうした叢祠であることはあきらかであるが、本宮・新宮・那智の三山といえども大いなる叢祠であって、民衆の支持をうける理由もそこにあり、三山信仰と烏の謎をとく鍵の一つが、霊魂昇華説であることはうたがう余地はない。すなわちまだ昇華しきれない段階の霊魂は、烏の姿で他界と現世を去来するという観念から、烏をシトギで饗することがミサキとしての霊魂の祭であった時代があった、と想定できる。ところが論理的な神道が確立すると、烏は神使の地位に後退し、そのミサキ的性格は庶民信仰や民俗にだけ保存されることになったのである。

しかし注意ぶかく観察すると、かなり地位のたかい大社でも、民俗とあまりちがわぬ烏祭《からすまつり》やお鳥喰《とぐい》神事を、不可解神秘な特殊神事としてのこしたものもすくなくない。尾張の熱田神宮では摂社の御田《みた》神社で、二月十一日と十一月十一日に「烏祭」をおこない、シトギを神殿の上になげあげて喰わせるし、津島神社でも二月二十六日（もと正月二十六日）の「烏呼《からすよび》神事」には、生米を本殿と八柱社の屋根にまいて烏をよぶ。

熊野とおなじく伊邪那岐《いざなぎ》、伊邪那美《いざなみ》二神をまつる近江の多賀大社では、四月二十二日の大祭にさきだって、十六日と十八日に「先食《せんじき》行事」をおこなう。大祭に祭神の供御に先立って食べるという意味よりは、烏をミサキというところから「ミサキ喰い」

の意であろう。この社にも社頭をはなれぬ二羽の烏がおり、本殿横の先食台に毎日供物をのせて拍手をすれば、この烏が降りてきてかならずたべるという。先食台は私も特別に見せてもらったが、盆の魂祭に外精 霊《ほかじょうりょう》のためにつくる外棚《ほかだな》、水棚あるいは餓鬼棚とよばれるものにそっくりだった。先食行事にもし烏が供物を食べないときは大祭をすることができないので、末社の日向神社で供物をそなえ、それでも烏が食べないと、本社から二キロはなれた杉坂山の御神木の下にそなえるという。おそらくこの神木は祭神の旧祭地で、ミサキはここから出現したという伝説があったのであろう。そうとすればこの神木は、阿蘇神社の祭神の御陵にはえた神木のように、墓から転じた叢祠の樹かもしれない。

そのほか伯耆大山の大神山《おおかみやま》神社、周防大島の志度石《しどいし》神社、おなじく周防玖珂郡柱野の杉森大明神などにもお烏喰神事があるが、京都の上賀茂神社で九月九日におこなう烏相撲《からすずもう》なども、刀禰《とね》が扇で三度あおいで、

かォー　かォー　かォー

と三度烏啼きをしてから子供の相撲になる。おそらくもとは烏呼びとお烏喰であった

のだろうが、意味がわからなくなって、ただ鳥啼きだけを尾骶骨のようにのこしたのである。

下野の那須の鷲子《とりのこ》神社の七不思議に二羽鳥というものがあり、これをミサキとよぶことも注意しなければならない。これは宮嶋や熊野で鳥をミサキ鳥とよぶのとおなじである。ミサキということばは、柳田国男翁は「先鋒の意で神々の代表者をさすか」と疑問をのこしているが、サキとかサクとかは形にあらわれること、目に見えぬ霊が鳥や動物の姿で出現することをさすのであろうと、私はおもう。ミサキ狐などもそのような意味で理解すればよくわかる。

しかしその出現はかならずしもよろこばしい姿ではなく、人々をいましめるための出現あるいは予兆、すなわち「たたり」という気持もある。「たたり」も「たつ」からでて出現または予兆の意味である。水死者などのあったところはミサキがうろついていて、人を引張りこむなどといって、ミサキ荒神《こうじん》としてまつる習俗が中国地方に多い。今日は鳥啼きがわるいといって、病人のある家は不吉な予兆とするし、旅行もさしひかえる「かつぎ屋」も戦前はずいぶん多かった。すなわち鳥はミサキとして、死の影をただよわす鳥なのである。熊野とミサキ鳥をかんがえるには、鳥と死者の問題をまず解決しておく必要がある。そしてこれは熊野信仰の根本にかかわる問題なのである。

鳥と死者の関係は、おそらくわが国の古代葬法に風葬が多く、死屍にあつまる悪食の鳥が、さながら鳥葬の観を呈したからであろうと、私はかんがえる。中世の絵巻物には鳥が鳥辺野《とりべの》にすてられた風葬死体をついばむありさまを描いたものがある。また人生の無常を説く唱導にもちいたらしい『十界図』には、小野小町が生前朝野にときめきながら、老いさらばえて、死ねば路傍にすてられ、蓆《むしろ》の上で脹満腐爛し、変色し、頭髪がぬけ、それを烏の群がついばんで、白骨化する過程がえがかれている。これは谷崎潤一郎の「少将滋幹の母」に、時の権力者に奪われた美しい妻への愛着を絶つ方法として、風葬死屍の変化を観察する冢間《ちょうげん》観を修した話にもあらわれている。

土葬・火葬が一般化してから風葬をかたることは、ありうべからざることのように見え、またいかにも陰惨な話にきこえるが、それは古墳時代に支配者の墓（古墳）はあっても、庶民の墓が発見されることはきわめて稀であることを説明するには、風葬をかたるほかはない。そして風葬死屍と鳥はきわめて密接にむすびついている。ネパールの鳥葬は禿鷹鳥葬であり、日本の鳥葬は烏鳥葬であったといってよい。しかしいまは日本の葬制をかたるのが目的でないので、ごく大ざっぱに数例をあげておこう。

琉球が風葬とこれにともなう洗骨をおこなうことは、伊波普猷《いはふゆう》氏の『南島古代の葬制』以来よく知られるようになって、久《く》高《だか》島の風葬を興味本位で見にゆくようなものもあるということであるが、わが国で葬を「はふる」（放る）といい、墓を「すたへ」（棄処）ということはすでに風葬を意味するものであろう。沖縄本島の高処の洞窟葬にあたる横穴古墳群もわが国ではひろく分布しており、開口洞窟であるかぎり風葬ということができる。吉見百穴《よしみひやっけつ》、十五郎穴、鎌倉のやぐら、熊本県下の装飾をもつ横穴古墳などはよく知られているが、平安時代ごろまでも利用された風葬洞窟であるらしい。

　しかしそのような庶民のものでなくて、貴族も高塚墳墓（古墳）に斂葬《れんそう》するまでの殯《もがり》はあきらかに風葬であった。中国古代の殯《ひん》は二度葬（double burial）の第一次葬らしいが、日本の「もがり」は土中にうめた形跡はない。天皇家はさいわい西紀七〇二年（大宝二）に持統上皇が火葬を採用するまでの、崩と殯と葬の時日を記録しているので、殯が二ヵ月ないし六年、平均して一年半ぐらいということがわかる。「もがり」を「みあがり」とすれば、肉体が消えてなくなってしまう、すなわち風化してしまうことであるし、土佐にのこる「もがる」の方言に関係があるとすると、地上におかれるあいだ死霊の荒れすさぶのをおさえる、すなわち鎮魂する意味であろう。天皇の霊も殯の期間は「凶癘魂《きょうれいこん》」とよばれたことが、『大宝律令』の註釈書である『令集解』でわかるから、後者のようにもおもわれるが、鎮魂呪術《じゆじゆつ》者である遊部《あそびべ》がおこなう鎮魂歌と鎮魂舞踊が「あそび」すなわち神楽であった。「あそび」は『日本書紀』や『古事記』では「え（ゑ）らぎ」ともよばれ、『魏志倭人伝』も倭人の葬制における奇習のように記録している。

しかし伊波氏の『南島古代の葬制』によると、沖縄本島の東にある津堅島《つけんじま》の風葬では、最近まで蓆につつんで後生山《ごしようやま》に放《はふ》った死屍が腐爛して臭気が堪えがたくなるまで、生前の遊び友達が酒肴や楽器をたずさえて死者をおとずれ、そのまわりで踊り狂ったという。「もがり」といい、「あそび」といい、古代葬制には風葬の証拠がたくさんある。宮廷に火葬がはじまる藤原京以前は天皇の代がわり毎に都移りしたのも、先帝の遺骸が南庭に殯せられていた以上、当然のことといえよう。そして熊野有馬村に葬られ、熊野三山の祭神となった伊弉冉《いざなみ》尊も、夫の伊弉諾《いざなぎ》尊が黄泉《よもつくに》へ会いにゆくと、「脹満《はれ》太高《ただれ》、膿沸虫流《うみわきうじたかりき》」とあるのは風葬せられていた姿と解するのが自然であろう。

しかし支配者階級は大陸の高塚墳墓を採用するようになると、殯のあとで墳墓の中に葬することになる。『令義解』にいう「葬は蔵なり。かくすなり」で遺骸は人の目にふれぬよう墳墓の地下にかくされてしまう。しかし古代の庶民の墓がほとんどのこされていないというのは、かなり後まで風葬がおこなわれたために、墳墓をのこさなかったとかんがえるほかはない。わが国の宗教観念に死者を「けがれ」とし、これにかかわることを触穢《しょくえ》としたのも、風葬死屍を日常目にすることから生まれた観念であろう。そして平安時代にはいっても鳥辺野や化野《あだしの》には風葬死屍がみられ、羅城門の楼上にまでそれをすてるものがあったのである。

『類聚雑例《るいじゅうざつれい》』によると、比叡山東塔の良明阿闍梨は遺言して、深山に棚を構えて自分の棺をその上に置いて風葬させた。二、三日たって弟子たちが見にゆくと衣裳のみあって骸骨がなかったとある。また『宇治拾遺物語』の清徳聖《せいとくひじり》は母の死体を棺に入れて愛宕山へもってゆき、大きな石を四個おいた上に棺をのせて風葬し、三年間棺をめぐって千手陀羅尼《だらに》を誦《ず》した。そして母は成仏したという夢の告げをえてから、その遺骸を火葬して、骨をとりあつめて埋め、その上に石の卒都婆《そとば》をたてたという。このような作法が当時の庶民の風葬の仕方であったらしく、『餓鬼草紙』でも風葬骨をあつめて塚をきずき、卒都婆をたてたようである。

しかし風葬のまま遺棄された遺骸もあったので、『空也誄《るい》』によると、空也はそのような遺骸をあつめてつみかさね、油をそそいで焼き、そのあとに南無阿弥陀仏の札をおいてあるいたという。高野聖も回国の途次でいたるところにころがっていた白骨をひろって笈《おい》に入れ、高野山へもちかえって供養したのが、高野納骨のはじめである。

このような風葬は「けがれ」とされる死体をはやく風化消滅せしめて、霊魂だけをまつろうとする宗教意識からでたものだが、このような習俗がながくつづいた結果は、印度の死者の森やネパールの葬場の禿鷹のように、烏が死体のまわりにあつまり、死を予知する習性までできてしまったのかもしれない。このような烏が不吉な鳥として、その烏啼きを凶事の予兆とする民俗ができたのも無理はない。しかし一方ではおなじ理由で烏を神聖な鳥とする観念が成立する。というのは風葬死屍が「けがれ」であればあるほど、その風化をたすけて不浄を清掃する鳥は神聖視されなければならない。そのうえ烏がミサキとして霊魂の去来する姿と見られるようになると、畏怖と尊敬をもって遇せられることになり、ついには神使ともみられるようになる。

以上のように風葬を前提とする日本古代の葬法との関係が、烏を霊鳥としたことはわかるが、これがどうして熊野にむすびつくのであろうか。これを熊野神道のように神武天皇東征伝説にでる八咫烏《やたがらす》で説明することはいとも簡単である。しかしいまの歴史学の立場からいえば、神武天皇伝説の成立する七、八世紀以前から熊野と烏の関係はできており、この烏をミサキ烏というところから、神武天皇の嚮導者に仕立てあげられたというべきであろう。そうすると熊野でとくに烏が霊鳥視された原因として、

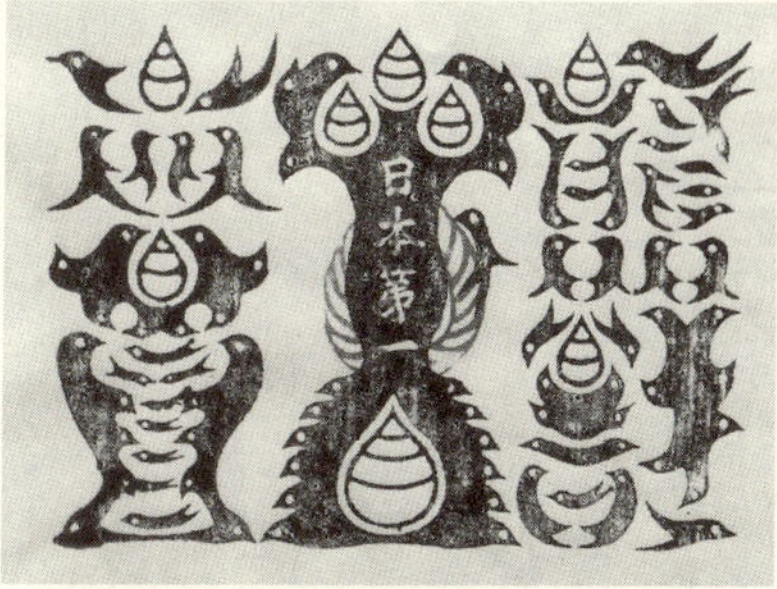

牛玉宝印（熊野本宮大社）

別に葬制の特異性をかんがえなければならない。そして熊野には古墳時代の古墳が存在しないことから、風葬が卓越しており、そのためにとくに烏が神聖視されたものであろうと推理される。

もと那智には烏社があったが、いまの熊野では牛玉宝印《ごおうほういん》の烏文字や牛玉摺《ごおうすり》神事の烏《からす》帽《ぼう》などのほかは、あまり霊鳥崇拝は見られない。が、平安中期では頭の白い烏がいて人々の尊敬をうけたらしいことは、増基法師が熊野詣をした有名な紀行『いほぬし』にしるされている。これを見て増基は、

山烏　かしらも白く　なりにけり
我かへるべき　時やきぬらむ

と詠んでいる。しかし熊野の烏でもっともよく知られたのは、牛玉宝印の烏であろう。文字は「熊野牛玉宝印」「那智滝宝印」、あるいは「熊野御宝印」または「熊野山宝印」などの諸説があるが、すべて字

画を烏の集合体であらわす。その烏の数も本宮九十二羽、新宮四十八羽、那智七十五羽などの説があるが、現在のものは本宮百八羽、新宮八十八羽、那智七十羽がかぞえられる。

各文字の中に如意宝珠《にょいほうしゅ》があらわされており、その上に朱の如意宝珠印を押す。宝印といわれるのはこの朱の如意宝珠印のことで、その朱印肉に牛の肝より出る高貴薬の牛黄《ごおう》をまぜるから、牛玉《ごおう》宝印だなどという俗説もある。この朱の宝印を牛玉紙に押すときは僧侶や神官や参拝者の額《ひたい》にも押すので、牛黄の薬用的効果があるなどとかんがえたのであろう。しかしもともと朱の宝印の中心には、その神の本地仏の種字《しゅうじ》（仏のシンボルとなる梵字）を書いたもので、本宮ならば証誠殿《しょうじょうでん》阿弥陀如来の𑖀（ア）、新宮は速玉神、薬師如来の𑖥𑖹（バイ）、那智は夫須美《ふすみ》神千手観音の𑖮𑖿𑖨𑖱𑖾（キリーク）があったのであるが、神仏分離後は三山とも三弁宝珠《さんべんほうしゅ》になっている。

牛玉宝印が朱の如意宝珠印をもって生命とするというのは、その神または仏の「みたま」の璽《しるし》であることをあらわしている。宝印を押す式は社寺の正月の「おこない」のもっとも厳粛な儀式で、神官も僧侶もながい潔斎と祈禱修法ののち、最後の牛玉加《ごおうか》持《じ》作《さ》法《ほう》で押すものである。熊野本宮も正月七日の八咫烏神事に毎年宝印を門松の幹を切ってその小口に彫刻するということであるし、那智では二日の早朝お滝の秘所の水を汲んで、烏帽《からすぼう》をかむった異様な装束の神官が、柳枝で打つ乱声《らんじょう》のなかで押すのである。

日本の霊魂観念では人間は正月を境に旧年のつかれけがれた魂をすてて、新鮮で清浄な魂を入れなければならない。いわゆる「新玉《あらたま》の年の始め」であり「魂を入れかえる」のである。この新玉はもと氏の祖神の神霊を分割して頂戴するので、恩頼《みたまのふゆ》ともいわれたが、この分割霊の璽こそ牛玉宝印である。仏教以前には分割霊の依代《よりしろ》は常磐木の枝や杖に幣《しで》をつけた程度のものだったらしい。ところが奈良時代の天平勝宝四年（七五二）ごろから、正月の「おこない」を仏者が修するようになって、修正会《しゅしょうえ》または修二会《しゅにえ》とよばれるようになると、神や仏の分割霊の依代は牛玉宝印を枝（串）や杖にはさんだ牛玉串《ごおうぐし》または牛玉杖《ごおうづえ》となった。このよび名は分割霊の依代が『三代実録』などで剛卯杖《ごうう づえ》とよばれているのにならったのだろうとおもう。

ところで「ごおう」ならば「牛王」でよいとおもわれ、熊野でも「牛王」と書いているようだから、なぜ鎌倉時代以前から「牛玉」と書かれていたかの説明をつけくわえておく必要がある。牛玉宝印が仏や神の分割霊の璽であることがわすれられると、近世にはいろいろの説があらわれた。牛黄説もその一だし、牛頭天王の略とする説もある（『橘庵漫筆』）。「生土《うぶすな》」の「生」の下の一が「土」の上にひっついて牛王になったという生土説もでた（『真俗仏事編』『閑窓瑣談』）。涅槃経に仏の異名の一に「人中牛王」の語があるので、牛玉宝印は仏のことだという説（『谷響集』）は僧侶のあいだにもっぱらもちいられたが、これは神社の出す牛玉宝印の説明に不適当だし「牛玉」がでてこない。しかし近世にはいってからの牛玉宝印には「牛王」とかいて、わざわざ玉の点の位置に宝珠をおいたものもあり、牛王か牛玉にまよった末の工夫かとおもわれる。

『骨董雑談』などは神璽の「璽」を草書体にした「玺」が二字に分離したというのは、玉の字を説明しようとした点と、牛玉宝印が神や仏の霊《みたま》の璽《しるし》である点をとるべきものとおもう。事実中世の牛玉宝印の版木はすべて玉の字をもちいており、修正会法《ほっ》則《そく》もみな玉であるのは、これが神や仏の分割霊、すなわち「みたま」であることを意識していたからであろう。すなわち牛玉宝印の成立には剛卯杖も人中牛王も璽も混合して、結局「みたま」の「しるし」ということでこのようになったのである。この牛玉宝印に熊野で烏文字をもちいたのは、熊野の神の「みたま」が烏の姿で去来すると信じた古代信仰を、具体的にのこしたものといえる。

中世から近世にかけて起請文《きしようもん》に熊野牛玉の裏がもちいられたのも、神の「みたま」に誓をたてているのである。これを誓紙《せいし》ともいい、近世には遊女が誓紙にそむくのは日常茶飯事だが、そのたびに熊野で烏が三羽ずつ死ぬなどともいわれた。熊野牛玉と誓紙のむすびつきは、熊野修験によって流布された信仰とおもうが、もとはどこの牛玉でもよかったのである。『義経記』巻四では、義経が二心のないことを頼朝に陳弁した、いわゆる腰越状に「諸寺諸社の牛王宝印の御裏を以て」起請文を進めたことをのべている。しかし土佐坊昌俊が頼朝のために熊野代参をすると称して入洛し、義経を暗殺しようとしたとき、昌俊が偽起請するのに、

熊野の牛王に書かせ、三枚は八幡宮に収め、一枚は熊野に収め、今三枚は土佐が六根に収めよ、とて焼いて飲ませ、

とあるので、はやくから熊野牛玉がもちいられたことがわかる。

　しかしこれが一般化するのは室町時代末期で、高野山文書の起請文には明徳四年（一三九三）以降の熊野牛玉が多数のこっているが、もっとも多いのは慶長（一五九六〜一六一五）、元和（一六一五〜二四）のものである。おそらくこのころが熊野比《び》丘尼《くに》の牛玉売りの最盛期だったらしく、慶長、元和ごろの『洛中洛外図』（東京国立博物館保管本・鶴来家本）や『四条河原図巻』（金田家本）あるいは『大坂市街図』

熊野比丘尼（『四条河原図巻』）

（林家本）などに、熊野比丘尼が檜笠をかむり牛玉箱と勧進柄杓《かんじんびしゃく》を持って徘徊する姿がえがかれている。とくに東博保管本の『洛中洛外図』では比丘尼は大声で歌をうたっていたようである。

　熊野比丘尼はもと熊野の縁起や熊野の本地を絵解《えと》きして牛玉宝印を売りながら、熊野三山の堂舎再建の勧進をしていたので勧進比丘尼ともいわれた。おそらく時宗が熊野の勧進権をにぎった結果、尼時衆《あまのじしゅう》を勧進の第一線に立てたか、あるいは山伏の妻の巫女をくりだしたものとおもうが、まことに意表をついた大胆な商法である。最初は大いに当たったであろうが、その末路もまた予測されぬこともなかった。というのはその絵解きの説経や歌念仏の内容よりは、美声や美貌の方が世のけしからぬ男どもの興味をそそったからである。勧進比丘尼側も魚心あれば水心でこれにこたえ、科《しな》をつくり化粧をして説経の内容をわすれてしまった。その結果、歌比丘尼または売比丘尼とよばれる円頂の遊女が出現したのである。『人倫訓蒙図彙』には、歌比丘尼はもとは清浄の立派にて、熊野を信じて諸方に勧進しけるが、いつしか衣をりやくして歯をみがき、頭をしさいに包みて小歌を便に色を売なり。巧齢歴《へ》たるを御寮《おりよう》と号し、夫に山伏を持、女童の弟子あまたとりてしたつるなり。都鄙に有り。都は建仁寺町薬師の図子《ずし》に伝る。皆末世の誤なり

とある。西鶴の『好色一代男』にも越後で会った勧進比丘尼の風俗をつたえている。

御寺の門前より詠《ながむ》れば、勧進比丘尼声を揃《そろえ》てうたひ来れり。是はと立よれば、かちん染の布子に黒綸《りんず》子の二つわり前結びにして、あたまは何国にても同じ風俗也。元是は嘉様《かよう》の事をする身にあらねど、いつ比《ころ》よりおりやう猥《みだり》になして、遊女同前に相手も定ず、百に二人といふこそ笑《おか》し。

とのべ、その中の一人と江戸滅多《めった》町で世之介は契ったというが、寛延（一七四八〜五一）、宝暦（一七五一〜六四）ごろは芝八官町、神田横大工町、下直なるは浅草田原町、同三島門前町、新大橋川端におり、表に長い葭簀《よしず》を立て、紙をはった勧進柄杓を看板代りにかけていたらしい。

熊野比丘尼の功罪はともかくとして、そのひさいだ烏牛玉が熊野信仰をひろめ、比丘尼の袂石《たもといし》をまつった熊野社が所の産土《うぶすな》神となった例もすくなくない。ところで熊野本宮はこの牛玉宝印を押す神事を八咫烏《やたがらす》神事というのは、那智の牛玉摺神事とおなじく八咫烏を模した烏帽をかむって押したからだとおもうが、那智の烏帽なるものを見ると、仏寺の修正会、修二会の咒師《しゅし》帽にほかならない。咒師帽は道場を結界し悪霊を追いだす降魔の咒力を三角形の帽子に象徴したのである。しかし熊野牛玉が八咫烏に関係があるととかれている以上、八咫烏とは何かをかんがえてみなければなるまい。

八咫烏の咫《あた》は周の尺度で八寸の長さをさしたものらしいので、六尺に余る大きな烏という意味と、八つの頭をもった烏という二つの解釈がおこなわれた。また日本の原始時代にトーテミズムがあったとして、熊野に大烏をトーテムとする部族がおったと解する説もある。神魂命《かむみむすびのみこと》の孫、鴨健角身命《かものたけつぬみのみこと》は八咫烏で、鴨族はその子孫だとするのである。

しかしいずれも神話的で歴史事実とはかんがえられない。ただ「やあた」を「あた」をつよめた語とすれば、「あた」は「いやらしい」「にくにくしい」「いまわしい」などの古語だから、きわめて不吉な烏ということで、風葬にともなう烏にふさわしい名称になる。また「あた」は「あだ」とおなじで、あたし野（化野）、あたしが原（安達原）、あたし身（徒身）、あたし世（徒世）など「むなしい」「はかない」意であるから、死に関係ある烏ということになろう。すなわち神武天皇東征伝説から解放されて八咫烏をかんがえると、隠国の熊野にふさわしい「死者の国の烏」ということになる。

熊野が死者の国であったことは、熊野神道の成立とともにわすれられて、浄土信仰がこれに代った。しかし熊野有馬村の花ノ窟が伊弉冉尊の陵であったことは、『日本書紀』一書の説であるが、他の一書は伊弉冉尊の死の穢をはらうとき生まれたのが速玉之男神と泉津事解之男《よもつことさかのお》神であるという。すると那智の御本社（第四殿）の主神、夫《ふ》須《す》美《み》大神は死して熊野にまつられた伊弉冉神であり、相殿の泉津事解之男神は主神の死の穢をはらう神であることになる。また新宮の御本社（第二殿）の主神、速玉大神は伊弉冉神を死の国にたずねた夫の神との説もあるが、速玉之男神としては伊弉冉神の死の穢をはらう神である。このようにこの二社は熊野神道の上からいっても「死者の国」熊野にふさわしい神々なのである。

また本宮の御本社（第二殿）の主神、家津《けつ》（都）御子《みこ》大神は素戔嗚《すさのお》神で紀伊国に杉・楠・檜・柀《まき》などの八十木種《やそこたね》を播き生えさせた神といわれるが、この神も荒れすさび災をまきちらすのでやがて追い逐《やら》われて根国《ねのくに》とか妣国《ははのくに》へ去ったという。根国、妣国は死霊祖霊のゆく他界で、その荒れすさびかたにも死霊の祟《たたり》を説話化したものが多く、死者の影のただよう神である。そのほか『日本書紀』一書には、少彦名神《すくなひこな》が「熊野の御碕」から常世郷《とこよのくに》に去った話があって、常世は海の彼方の他界と解釈されている。これはのちにのべる熊野に特有の葬法である補陀落渡海にあたるもので、海の彼方の他界を永遠の楽土とするところから、観音の浄土へ転換しやすかったのである。

熊野が死者の国であった古代信仰を、熊野神道が成立したのちまでのこしたのは、那智の妙法山である。那智信仰の発祥は、『熊野年代記』などによると、裸形《らぎよう》上人なるものが文武天皇のころに滝修行でひらいたことになっている。その真偽はともかく、いわゆる山岳宗教の優婆塞《うばそく》・禅師・聖《ひじり》にあたるものがひらいたことにはまちがいない。そうとすれば那智山の主峯である妙法山が度外視されるはずはなく、私は滝信仰はこの山岳霊場にはいる禊の滝行であった、とかんがえざるをえない。そして那智権現信仰はこの滝信仰から出てきたのであるから、妙法山は那智権現の奥之院としての地位をながく保ったものとおもう。しかし熊野神道の確立とともに、死者信仰を主体とする妙法山は那智信仰から異端視されるようになり、修験道全盛のなかでここの念仏聖は、高野山の高野聖とおなじく賤視されるにいたったのであろう。

妙法山はいうまでもなく法華経信仰から名づけられたので、はじめはいわゆる持経《じきよう》者とよばれる優婆塞が住んでいたのである。平安時代の中頃にここで火定《かじょう》（焼身自殺）をしたという応照上人も持経者であった。現在妙法山阿弥陀寺の奥之院である最勝峯の十方《しほう》浄土堂の本尊が、平安時代の釈迦如来像であるのは、その名残りであろう。事実、『日本霊異記』にも、奈良時代の熊野に法華経の持経者のおった説話がある。しかし、中世になると浄土信仰がなって、阿弥陀如来を本尊とする阿弥陀寺ができる。これは鎌倉時代初期に法燈国師《ほっとうこくし》（心地覚心《しんちかくしん》）が再興したころからであろうとおもわれる。

法燈国師は臨済禅の大立物で、法燈派（興国寺派）の開祖であるが、念仏にもふかく心をよせており、高野聖の一派、萱堂聖《かやどうひじり》は法燈国師を開祖とあおいでいる。彼は新宮にも念仏をもちこんだようで、新宮の本願、妙心尼寺はその旧蹟である。妙法山阿弥陀寺も那智七本願の一であって、「本願」は「庵主」ともいい高野聖流にいえば、熊野聖といってもよいものである。すなわち熊野の社殿堂舎の再興を勧進するために山伏や比丘尼を配下にもち、江戸時代初めまではかなり大きな勢力だったことが、『熊野年代記』で知られる。しかしかれらは最後まで熊野神道に抵抗して死者信仰をもちつづけたために賤視されたのである。この寺の「寛文の寺記」というものによると、当山は貴賤男女を択《えら》ばず、骸骨を我山に納め、卒都婆を建立し、石塔を立て、念仏修善して無上菩提を祈る。既に是れ諸仏救世の道場なり。ゆゑに往昔より先徳の爰《ここ》に居住するもの多し。諺に曰く、女人高野と号す。故に僧尼を論ぜず住持するは往古よりの例なり。

とあり、『紀伊続風土記』は、

亡者の熊野参といふ事を伝へて、人死する時は幽魂必《かならず》当山に参詣すといふ。いと恠《あや》しき事など、眼前に見し人もあり。

としるしている。「亡者の熊野参り」はもとは熊野一般にいわれたのであるが、はっきりとここだけにのこったことがわかる。妙法山阿弥陀寺の奥之院である十方浄土堂のあたりは樒山《しきみやま》といい、亡者の魂は枕飯《まくらめし》(三合の飯)のたけるあいだに、枕元に手向《たむ》けた樒の一本花をもってここへ詣り、樒をおとしてゆくのでこの山ができたという。またこのとき亡者は妙法山の「一つ鐘」をうつので、この鐘は人なきに鳴るという伝

説がある。西国巡礼は妙法山へまいったときは、

くまの路を　物倦きたびとおもふなよ

死出の山路で　おもひしらせん

という詠歌をあげる。この山を女人高野というのは、高野山とおなじに納骨するが、女人禁制をしなかったからである。十方浄土というのも、宗派にかまわず納骨をうけいれるという意味といわれる。いまは紀州一円から納骨され、とくに三重県側の南・北牟婁郡と、和歌山県側の東・西牟婁郡からは、死者があればかならず納骨納髪と水《みず》向《むけ》供養にのぼってくる。

山上には阿弥陀堂のほかに大師堂、三宝荒神社、納骨堂、水向け場などのほかに、応照上人火定跡があって、熊野に多かった捨身往生のうち、ここでは火定という焼身往生がおこなわれた炉の跡がある。ここの展望台からの風光は熊野随一であるが、従来は那智青岸渡寺の裏から二十五町の急坂をのぼらねばならなかった。しかしいまは専用バス道路ができて容易に登拝できる。

道は妙法山腹を巻きながら、那智の大滝を眼下にして、高度を上げるにしたがっ

て、太平洋と熊野の山脈《やまなみ》の雄大な眺望が展開してくる。しかしここに登ったからには四、五十分の徒歩で奥之院の樒山まで往復してみるべきだろう。展望台とはまったく反対の、陰湿で幽暗な死者の国の林相がそこにある。途中には石仏や板碑《いたび》が死者のなげきをかたりかけ、頂上からは大雲取をこえて奥熊野の黒い森がどこまでもひろがっているのが見える。巡礼はここで、

ここも旅　また行くさきも旅なれや
　いづくの土に　われやなるらん

の詠歌で札を打ち「極楽行の血脈《けちみやく》」というお札をうけてから大雲取の死出の山路にかかるのである。

補陀落渡海

永禄十一戊辰十一月十八日　　武刕住秀誉上人作
日輪　　善心大徳
小旦那
【勢至菩薩像】　　計家　□兵衛
補陁落渡海下野国弘円上人　　施主　西光坊
【阿弥陀如来立像】　　同船　駿河善心行人
【観音菩薩像】　　遠江道円行人
月輪　　大小旦那
現世安穏後生前（ママ）処

――熊本県玉名市高瀬補陀落渡海碑――

『平家物語』の「維盛入水《これもりじゆすい》」によると、小松三位中将維盛は重盛の長男として、平家の総帥たるべき身を、都の妻子恋しさに屋嶋から脱走してしまう。しかし都へはいることができずに高野山へ逃げこむ。ここで自分のかつての従者で、いまは高野聖となっている滝口《たきぐち》入道時頼のすすめで出家し、やがて熊野へむかう。道は紀伊路をとって中辺路から本宮へ、本宮から船で新宮へ、そして那智へと三山を巡り、ついに那智の浜の宮から一葉の舟をこぎ出し、都の妻子に妄執をのこしながら入水往生してしまう。

まことにあわれな話である。これがはたして歴史事実なのか、熊野から吉野へかくれて千本桜の弥助鮨《やすけずし》の養子になったのか、いまは知る由もない。しかしこの説話が高野聖の唱導と、熊野山伏の唱導の断片であり、那智の補陀落《ふだらく》渡海を平家の公達の最期にむすびつけたものであることはうたがいない。

熊野が死者の国であったのはひとり山と森だけではなく、海までもそうであった。いま補陀落渡海者が舟出した浜の宮の大鳥居の外はハイウェーであるし、那智駅に立って沖を見ても洋風建築の立ちならぶ勝浦温泉が、現代の竜宮のように見えるだけである。ただ帆立《ほたて》島、綱切《つなきり》島、山成《やまなり》島などの地名が補陀落渡海の無言の証人としてのこり、現代人には信じられない歴史を記憶につないでいる。

補陀落渡海の真相はまったく謎である。しかし私は水葬と入水往生の二面をもつ宗教的実修と推定して、大きなあやまりはあるまいとかんがえている。もちろん古代葬法としての水葬が先行し、熊野の中世浄土教化にともなって入水往生がおこなわれるようになったのだとおもう。補陀落渡海の記録は熊野浄土教を管理した、新宮の本願である梅本庵主《あんじゅ》につたわる『熊野年代記』にのこされたものであるが、これは渡海の年月日と渡海上人の名と同行の人数が記録されただけで、実修の内容はまったく不明である。

しかしさいわいに『吾妻鏡』は貞永二年（＝天福元年、一二三三）五月二十七日の条に、去る三月七日に熊野那智浦から補陀落山へ渡った智定房《ちじょうぼう》のことを、鎌倉での伝聞としてのせている。智定房は本名、下河辺《しもこうべ》六郎行秀で、頼朝の那須野の巻狩に鹿を射損じた恥辱のために出家し、熊野で法華経読誦の行者となっていた。これはおそらく妙法山でのこととおもわれるが、やがて補陀落渡海をとげたことを同法《どうほう》が紀州糸我《いとが》の庄から、鎌倉の執権泰時の許《もと》へ通報したのがこの記事である。これによると、渡海の準備は三十日分の食物と油を積んで、屋形船に乗り外から釘で密閉してもらったのだという。

もう一つの例が鴨長明の編といわれる『発心集』の仏教説話にある。ある禅師とだけで名の不明な聖《ひじり》であるが、妻子もあるのに捨身往生をねがって土佐から船出した。はじめは身灯（焼身自殺）をしようと鍬を真赤に焼いて両腋にはさんでみたが、大したこともないとやめて、補陀落渡海にふりかえたというのである。この書はまた賀東聖というものの土佐からの渡海をつたえており、これが一条天皇の長保三年（一〇〇一）八月十八日のことで、場所も土佐の室戸《むろと》津からであることは、笠置《かさぎ》の解脱《げだつ》上人（貞慶）の『観音講式』奥書でわかる。これでみると室戸岬も補陀落渡海の霊場であったらしく、室戸の西寺には石子詰《いしこづめ》の入定塚もあって捨身往生の聖地だったのかもしれない。

また左大臣頼長の日記『台記』康治元年（一一四二）の条には熊野三山検校になった権僧正覚宗が、少年時代の見聞としてかたった補陀落渡海僧の話がのっている。この僧は千手観音像をつくってこれに渡海船の楫《かじ》をもたせ、三年間祈請しているうちに北風が吹いてきて、とうとう補陀落山《ふだらくせん》に登山できたというのだが、いかに信仰の力とはいえ木像の梶取で遠洋航海できるはずもない。熊野聖の唱導か伝聞のうたがいがある。というのは仏教的知識からいえば、補陀落（Potalaka）は印度の南海岸にある山で華厳経（巻六十八）によると善財童子がここで観世音菩薩に面謁したことになっている。このような遠いところへ、地図もなく、しかも智定房のように密閉した船の中にとじこめられたまま、到達できるとかんがえたものだろうか。しかも三十日という航海日数がどこからわりだされたものだろうか。まことに不思議である。

そこで補陀落渡海の目的地は、中国きっての観音霊場として有名な揚子江口にちかい舟山《しゆうざん》列島の普陀《ふだ》山・洛迦《らか》山であろうという説もある。しかしこれとてもこの航海が自殺行為であることにはかわりはない。もちろん宗教には狂信的な一面があり、無謀な「思案の外」の行為もある。仏教には『金光明経《こんこうみようきよう》』（巻四）の「捨身品《しやしんぼん》」にとかれた説話のように、餓えたる虎に肉体をあたえた摩訶菩薩の捨身や、『涅槃経《ねはんぎよう》』（巻十四）の雪山《せっせん》童子が諸行無常の半偈をきくために羅刹に身をあたえた捨身など、宗教的実践としての自殺が説かれている。これは中国へ仏教がはいってからもさかんにおこなわれて、『梁高僧伝』には「亡身篇」の一篇がのこされているほどである。

日本でも熱烈な浄土願生者は入水、焚身《ふんじん》（火定）などの捨身行をおこなった記録も多く、頸くくり往生や蓮花往生などかわった捨身もあった。那智ではあの大滝から滝壺めがけて飛込む捨身の行者があったことも知られているが、修験道にもっとも多いのは入定《にゆうじよう》といって、生きながら穴のなかに埋められる捨身である。

しかし私のしらべたところでは入定の多くは、死後の特殊な埋葬方法で、一応まだ生きている形にして葬るのである。これは修験道では霊場で死ぬことはその霊場をけがすことになるので、生きた体《てい》にして葬る。高野山では弘法大師が入定形式で葬られており、その墳墓の構造からみれば石子詰である。石子詰は一般に修験道では山伏の刑罰のようにいわれ、奈良でも大御堂《おおみどう》十三鐘の三作《さんさく》石子詰の伝説で知られる、鹿殺しの刑罰とされている。羽黒山にも石子詰刑場の跡というものがあるが、いかにも残酷物語で日本人の趣味にあわない。私も葬制史の立場から石子詰の謎をいろいろたどったが、結局、生きながらにしてというのはあまりかんがえられないのである。

この謎をとくにはやはり日本民族の古代宗教を、残存民俗をとおしてたどってゆくほかに、アプローチの方法はない。伝説そのものを額面どおりうけとったり仏教教理や仏典の記載だけをもとにしては、とても手に負える問題ではない。くわしくのべる余裕はないが、補陀落渡海の謎をとく範囲内でもうすこし石子詰を先へゆこう。

石子詰が文学で知られるのは謡曲「谷行《たにこう》」である。私はこの不可解な「山伏の大《たい》法《ほう》」が知りたくて、ずいぶん多くの山伏や修験道研究者にたずねたが、もうまったく不明に帰した修験道の行儀のようである。谷行という読み方からして奇怪だが、今熊野梛《なぎ》の木坊の弟子、松若は、葛城《かつらぎ》修行の山中で病気になり、山伏の大法である谷行におこなわれる。これは修験道入峯《にゅうぶ》では病気が重くなれば、死なないうちに谷に落としてしまうのだという。それは「嶮しき谷に陥れ、上に被ふや石瓦、雨土くれを動かせる、心を痛め声を上げ、皆面々に泣き居たり」と谷におとして、上に石瓦で被うというのは谷におとした死者をまだ生きた体にして、石や瓦で埋めたらしいことが想像できる。

日本各地にはまた入定塚というものがあって、塚の中の行者は生きているので、雨の日には鈴の音がきこえるなどという。これも頭痛を治してやるとか、瘡を治してやる、などの誓願をたてた行者の遺言で、石子詰葬法にしたがったようである。日本仏教史のうえでも初期の密教家や山岳修行者は、この古代宗教の葬法を採用したので弘法大師のような入定伝説ができあがる。いまどの程度に信じられているかどうかは知らないが、信仰的には弘法大師は、

ありがたや　高野の山の岩蔭に
大師はいまだ　おはしますなる

の詠歌のように、いまも生きつづけているばかりか、「同行二人《どうぎようににん》」の四国遍路と一緒に、一年中歩いているともいう。それで入定窟内の大師の衣の裾はすりきれるというので、高野山奥之院御廟《びよう》では毎年三月二十一日に「お衣替え」がある。

しかし私がある機会に「煙霧をへだてて」拝したところでは、御廟の下はかなり大きな積石であった。おなじような積石の入定窟は、弘法大師の法敵として伝説化された守敏《しゆびん》のモデル、修円《しゆえん》僧都の室生寺《むろうじ》の廟で、いわゆる石子詰である。また河内観心寺

の道興《どうこう》大師廟は、弘法大師の一番弟子である実慧《じちえ》の墓であるが、これも巨大な積石墳になっている。しかしこれら三人とも生きながらにして埋められたという形跡はない。私は古墳時代初期にあった積石墳の伝統が石子詰葬法につながっているとおもうが、石で埋めれば空気が流通するので、生きておれるというかんがえ方が、生き埋め説になったものと推定する。しかし山岳修行者はしばしば古い葬法を採用するばかりでなく、死によって聖域をけがさないために石子詰をねがったものだろう。

補陀落渡海を水葬とするか捨身とするかはむずかしい問題である。これが姥捨《おばすて》伝説であれば、風葬か棄老《きろう》かについての決定は簡単である。すなわち「おはつせ」または「はつせ」が大和の「隠国《こもりく》の初瀬《はつせ》」とおなじ死者の国の風葬であり、棄老伝説は『宝積経』や『大和物語』に見える印度の棄老説話の翻案であることははっきり断定できる。しかし補陀落渡海には古代葬法の水葬から、中世浄土教の入水往生への変化がかんがえられ、熊野信仰の謎の深さがここにもうかがわれる。『紀伊続風土記』は補陀落寺の項に、

当寺の住僧、旧は臨終以前に船に乗せて海上に放ち、補陀落山に行しといふ。其船綱を切放ちし所を綱切島といふ。勝浦村の条下に見ゆ

としるしているのは、死者をまだ生きている体《てい》にした水葬であることが十分想像される。実際問題として、臨終の重病人が船を操縦して、補陀落山まで航海できるはずはないからである。土地の古老の話では補陀落渡海をするときは、死者を棺に入れて海岸へ向かうが、浜の宮の大鳥居までは生きている人に話すように言葉をかけながら行く。しかし棺が大鳥居を出ると同時に念仏にかわり、葬式になるのだという。

補陀落渡海図（熊野那智大社所蔵『熊野那智参詣曼荼羅』より）

　この補陀落渡海をえがいた唯一の絵画資料が『熊野那智参詣曼荼羅』の下部の図である。この曼荼羅については熊野山伏や熊野比丘尼の唱導絵解きにもちいたものとして後説するが、室町時代の補陀落渡海船の具体的な構造を見ることができるのはありがたい。しかもいま私のあつめえた補陀落渡海資料二十三件のうち、室町時代は十二件であるから、この絵画は最盛期のものをしめしている。

これを見ると船は入母屋の屋根で掩われて中心に帆柱を立て帆をかける。この屋根の四方に鳥居四基を立て、鳥居の間に忌垣《いがき》をまわすのがきわめて特徴的で、これは航海を目的とした船でないことはあきらかである。日本の葬制の常識でいえば、四方四基の鳥居は殯《もがり》の四門というもので、扁額の文字はよめないけれども、発心《ほっしん》門、修行門、菩提門、涅槃《ねはん》門の額があるはずである。四方の忌垣も一辺十一、二本が見えるので「四十九院《しじゅうくいん》」という殯の忌垣であることもまちがいない。そうとすればこれはうたがいもなく墓の構造をしめしており、現在でも棺台や棺輿《かんこし》、あるいは霊柩車の構造にものこっている。この絵画資料はどうかんがえても補陀落渡海が水葬であることをものがたるのである。この渡海者を送ってきていま大鳥居から見おくる行列も葬列でしかない。棺にかけて送った天蓋《てんがい》と竜頭《たつがしら》にさげた四本旗が二本見える。これにも「迷故《めいご》三界城」「悟故《ごこ》十方空」「本来無東西」「何処《がしょう》有南北」の四句か「諸行無常」「是生滅法」「生滅《しょうめつめつい》々已」「寂滅為楽《じゃくめついらく》」の四句偈《げ》が書かれていたであろう。

私が補陀落渡海についてもっとも大きな疑問としているのは、渡海船の後にある二艘の船である。おそらくこれは「同行」というものであろうが、一般にこれを一緒に渡海したもののように解するのはいかがなものであろうか。『熊野年代記』では延喜

十九年（九一九）の、

浜ノ宮補陀落寺祐真上人　奥州ノ人十三人道行（同）渡海、是道行（同）ノ始ナリ

とあるのをはじめ、明応七年（一四九八）の盛祐上人には同行五人、その後弘治二年（一五五六）の梵鶏《ぼんけい》上人に同行十八人まで七回の渡海にすべて同行がある。しかし「同行勧《すすめ》ニ仍リ」とか「同行勧《すすめ》申ス」などとあるのを見ると、諸方勧進して渡海の準備万端の世話をした人々のようにおもわれ、『吾妻鏡』に智定房の渡海を鎌倉へ通報した「同法」もこれであろう。

　ところがここに日本唯一とおもわれる補陀落渡海の板碑《いたび》が、熊本県玉名市高瀬の繁《は》根木《ねぎ》八幡社にちかい稲荷山古墳上にあって、この謎をとく一つの鍵となる。この板碑の存在は数年前、東大史料編纂所長の竹内理三氏からうかがっていたが、今夏実地に調査する機会をえて、苦心のすえようやくその碑文を読みとることができた。これが冒頭にあげた銘文である。

　板碑は地上の高さ一六九・五センチ、幅は上部で三六センチ、下部で五四センチの不整形の硬砂岩で、上半部にうつくしい雲乗来迎弥陀三尊を線刻し、下にかなり磨滅

した銘文がある。しかし残念ながらこの弘円上人はどこから補陀落渡海したのかあきらかでない。

弘円上人が下野《しもつけ》国の人であり、建碑者が武蔵国の人なので、東国のこととすれば日光の二荒《ふたら》山が、弘法大師の「勝道上人碑文」では補陀落山と書かれている。しかも中禅寺湖には船禅定といって補陀落船をうかべて沿岸の霊場を巡拝することがあったというが、一寸これは可能性がうすい。また補陀落渡海は熊野ばかりでなく土佐の室戸岬にもあったらしいから、九州にもそのような場所があっても不思議はないが、いまのところ不明としなければならない。ただ想像できることはこの永禄十一年（一五六八）から三十七年さかのぼった享禄四年（一五三一）に足駄上人の異称ある那智山補陀落寺の祐信上人が渡海しており、二十六年さかのぼる天文十一年（一五四二）には善行上人が渡海するので、これらと駿河善心行人の関係があれば、この補陀落渡海は那智浜の宮のことであろう。

ともあれこの碑の「同船」は同行とおなじとかんがえられるが、ちゃんと生還して建碑者の一人に名をつらねている。そして弘円上人の補陀落渡海にあたって後援者となった小旦那、施主、あるいは大小旦那は「現世安穏、後生善処」の功徳があることをしめしている。

中世の宗教史には一人の高徳の僧が往生すれば、これに随喜する意味で入水往生する例がある。一遍上人も臨終にあたって没後の随喜入水をいましめたが、実際には兵庫の海に身を投げるものが七人あった。補陀落渡海の同行にもはじめはこうした行儀があったかとおもうし、補陀落渡海そのものも、熊野灘への入水往生を企図したものもあろう。これは『平家物語』の「維盛入水」に反映して、同行たる従者の兵衛入道と石童丸は維盛とともに入水している。

ただすべての補陀落渡海者が入水往生者かということには疑問があり、『熊野年代記』では補陀落寺の住持のみであろうが、十九人の渡海者をしるすうち、「存命」と書かれたのは、嘉吉元年（一四四一）の祐尊だけである。とすれば他は臨終以前という体裁によそおった水葬としてさしつかえない。そしてその行儀は『平家物語』などを通して想像すると、死者をおさめた殯船《もがりぶね》を同行船《どうぎょう》が湾外の山成島《やまなり》まで曳航《えいこう》して、ここから熊野灘に放ったものであろう。帆立島はここで帆を立てたとか、綱切島はここで綱を切り放したとかいわれるのは、このような行儀を反映している。金光坊島には井上靖のとりあげた金光坊が、渡海の途中で死ぬのがいやになって無理矢理に入水させられた伝説があるが、おそらく同行の入水往生にともなう伝説であろう。

わが国の古代に風葬があったことは、前文にのべたように段々証拠があるが、水葬もけっして証拠にはこと欠かない。このような葬制は宗教的理念、あるいは霊魂観念が、仏教や神道の教化、またはヒューマニズムの発展にともなって変化すると、前時代の宗教的理念と儀礼はありうべからざる残忍なことにおもわれるようになる。そして他民族の鳥葬などに異常な好奇心をおぼえたり、野蛮とおもったりする。しかし山陰海岸には現に満潮には波をかぶる海岸墓地があり、いまはおいおい山側にうつされつつある。吉野川の上流にもすこし水が出れば、水中に没する河原墓地があって、洪水のあとには白骨が露出するという。同様の河原墓地は日高川にも報告されており、これが熊野川上流の十津川となると、いささか熊野三山信仰にかかわりあいをもってくる。

宮本常一氏の『吉野西奥民俗採訪録』によると、十津川筋の大塔村の項で「記憶に間違ひさへなければ、辻堂あたりではずつと以前は死体を川原へ持つて出て、砂礫の中に埋め、上に小石を沢山のせておいたやうにも聞いた」としるしているが、これは記憶ちがいではなくて吉野川や日高川でも現におこなわれていることである。これはまさに水葬の変化で、私はそうした水葬死体というものが流れ寄ったところに叢祠がまつられ、神社化する可能性は大いにあるとおもう。熊野本宮の旧社地と新宮の現社地の大樹叢が、熊野川の河原に突出した大砂州であったことは、那智の補陀落渡海に関連して、思考の片隅においてよいことである。

尾張の津島市の津島神社は津島牛頭天王《ごずてんのう》として素戔嗚尊《すさのお》に代表される御霊《ごりよう》、すなわち怨霊をまつった社であるが、ここに「御葭《みよし》流し神事」という神秘の行事がある。深夜人の目にふれぬようにながされる御葭には人形《ひとがた》の御葭があり、これの流れ寄った下流では、そのところに仮屋をつくってもとは七十五日の「御葭着岸祭」と名づける、村をあげての潔斎をおこなわなければならなかった。京都の鴨川でも親鸞は、

某《それがし》（親鸞）閉眼セバ賀茂川ニイレテ魚《うお》ニアタフベシ

といったことが『改邪鈔《がいじやしょう》』に見える。これは一遍が自分の死体は「野にすてて、けだものにほどこすべし」といったとおなじ聖《ひじり》の根性《こんじよう》として理解すべき点もあるけれども、これに先行する水葬儀礼を予想できないことではない。というのは、五条の橋のたもとでは室町時代に「いたか」なる聖が流灌頂《ながれかんじょう》という「卒都婆流し」を死者のためにおこなっていたが、五輪をきざんだ卒都婆は一種の人形《ひとがた》で、津島神社の御葭の仏教化したものとかんがえられるからである。そして熊野本宮でも死後の安楽をいのって音無川に「杖流し」をおこなったことが、説経「小栗の判官」でわかる。これも御

葭や卒都婆とおなじ機能をもつ死者儀礼であろう。

山陰の東郷池に面する松崎町浅津は墓のない村で有名である。私のみたところでは一ヵ所だけ墓地があったがこれは特別の家柄だそうで、他の数百戸は湖岸の火葬場で火葬すると、お骨も灰も一切湖中に流して墓をつくらない。近世に真宗がはいって火葬がおこなわれる前の墓もないところをみると、おそらくもとはすべて流したのだろう。というのは、やはり湖畔の松崎町引地の九品山大伝寺で彼岸会に位牌や卒都婆を船にのせてながすが、この船も補陀落渡海船に似ており、すこしはなれた青谷《あおや》の岬には嘉慶三年(一三八九)の年号ある普陀落塔があると、故田中新次郎氏が報告している(『因伯の年中行事』)。出雲国造の北島氏も天穂日命《あめのほひのみこと》以来墓をつくらず、大社の前の菱根池に赤牛に死体をのせて沈めたといわれるから、海岸墓地のとくに発達している山陰地方は、水葬が卓越していたのであろう。

わが国の古代に庶民の葬法として風葬があったとすれば、これに対応するものとして水葬があってもなんら不思議ではない。どちらも肉体を「オキツスタヘ」にすてて、はやく消滅させ、その代り霊魂だけは手厚くまつろうというのである。水葬の葬法が海の彼方の島を他界とし、また竜宮や海神の国のような空想の海上他界を信じさせたもとであろう。これが浄土教の普及とともに、西の海の彼方に浄土ありという信仰に変化し、四天王寺西門《さいもん》から海をへだてて浄土を拝んだり、この海に漕《こ》ぎ出して入水往生するものもできた。

わが国の古代神話では素戔嗚神より先に生まれた蛭児《ひるこ》は葦葉の船にのせて葬られた。蛭児は恵美須《えびす》と同体と信じられており、海岸では水死体が流れ寄れば夷《えびす》神としてまつった例が多い。出雲神話では大国主神が事代主《ことしろぬし》神を説得するために、使者を熊野《くまの》諸手《もろた》船《ぶね》にのせてつかわすが、事代主神は海中に八重《やえ》蒼柴籬《あおふしがき》をつくって、その中に身を沈めて死んでしまう。木の枝や竹で編んだ籠をつかってしずめる水葬が想定される。日本武尊《やまとたける》にまつわる神話では、弟橘《おとたちばな》姫を海上に菅畳八重、皮畳八重、絁《きぬ》畳八重を敷いて乗せ、海神にささげるといって沈める。神武天皇の神話では熊野灘で暴風に遭ったとき、皇兄稲飯《いないい》命と三毛《みけ》入野《いりぬ》命は海神の怒りをしずめるためといって海にはいるが、稲飯命は海にはいって鋤持《さいもち》神となり、三毛入野命は浪秀《なみのほ》を踏んで常世郷《とこよのくに》に去ったとある。常世郷はすでにのべたように、少彦名《すくなひこな》神も熊野の御碕から去っていった世界で、海上他界とかんがえられる。風葬の葬法をもつものが山岳他界を想像して山を霊場としたように、水葬を慣行とした海浜の民が海上他界を想定して、海の彼方に補陀落山をおいたのは自然であろう。

熊野の神秘感はその山と海とにかくされた、古代宗教の残像がかもしだすのである。古代宗教はつねに死の深淵に直面した古代人の、死者信仰と死者儀礼を根底においている。仏教はその死のおそれを光明に転じたけれども、その残像は神話や祭儀や、葬制や伝説、あるいは仏教的民俗と説話にのこった。熊野はそれをもっとも濃厚にのこしていたので、いつまでも「死者の国」の神秘をうしなわなかった。古代末期から中世にかけての熊野詣の盛行は、日本人の魂のふるさととしての「死者の国」へのあこがれがまきおこした特異な宗教現象である。そしてその神秘感はいまもわれわれを熊野にひきつけてやまないのである。

一遍聖絵

文永十一年のなつ、高野山を過て熊野へ参詣し給ふ。山海千重の雲路をしのぎて、岩田河のながれに衣の袖をすすぎ、王子数所の礼拝をいたして、発心門のみぎはにこころのとざしをひらき給。藤代岩代の叢祠には垂跡《すいじゃく》の露、たまをみがき、本宮新宮の社壇には、和光の月かがみをかけたり。

――『一遍聖絵』巻三――

熊野三山の中世のありさまをえがいた絵画は、「熊野曼荼羅」と「熊野参詣図」と『一遍聖絵《ひじりえ》』である。とくに『一遍聖絵』は一遍の伝記をえがくのが目的であったが、ほとんどスケッチともいうべき正確さで、熊野の風景や社壇のありさま、熊野道者の風俗をうつしている。しかも一遍の熊野詣は一遍の宗教のみならず、日本の浄土信仰に大きな転換をあたえた事件であるし、熊野信仰そのものにも、すくなからぬ影響をあたえた。したがって熊野詣をかたるには『一遍聖絵』を除くわけにはゆかないのである。

しかし一方「熊野参詣図」も中世の熊野詣を知るにはたのしい資料である。おなじ熊野をえがいた絵画でも、熊野曼荼羅はおもに礼拝の対象として制作されている。したがって御祭神とその本地仏を密教理論や神道理論にしたがって配列し、社殿や風景はほんのお添えものにすぎない。ところが参詣図のほうは熊野山伏や熊野比丘尼が都や地方へ出ていって、この図をかけて絵解《えと》きしたものである。したがって風景や社殿ばかりでなく、祭や出来事を具体的にえがき、貴族や社僧や道者の風俗、動作をいきいきと表現している。まずその例を『熊野那智参詣曼荼羅』で見よう。

この図は曼荼羅と名づけられているが、厳密には「熊野那智参詣図」というべきもので、那智権現を中心に浜ノ宮から妙法山までを鉄道地図のようにデフォルメして画面におさめ、出来事や祭を絵解きの素材にしやすいように動的にえがいている。これと同じ構図の参詣図が浜ノ宮の補陀洛山寺にもあり、大津坂本の西教寺、佐渡博物館など意外のところにもある。そして那智大社でも昭和三十二年に大阪から入手して、宝物殿に陳列している。ほかにも一、二本あるらしいので、多数制作されて随分遠方へもはこばれたとおもわれる。乱暴にあつかわれながら五、六百年をへてなお五、六本のこっているところをみると、もとは数百本あったとみてさしつかえない。このような絵解きが「蟻の熊野詣」というブームをひきおこす原動力だったのである。

この図のもっとも面白いのは、熊野の謎の一つである補陀落渡海がえがかれている

『熊野那智参詣曼荼羅』（熊野那智大社所蔵）

ことで、『熊野年代記』とともに水葬に関する貴重な資料であることはすでにのべた。第二の見どころは那智の関所がいかに多く、拝観料徴収という点では、いまの観光寺院の比でない点である。もっとも室町時代は日本中どこへ行っても関所だらけだったことが知られており、庄園を武士に押領された寺社や貴族は、その代替財源を弱い旅行者に転嫁する。とくに信仰のための道者はよろこんで寺社へ関銭をおさめたであろう点が、いまの拝観料といささか異なる。

この図の右下の関が川関とよばれたところで、無料通行をはかって番人にいましめられるものもある。浜ノ宮をすぎて市野々へはいると井関がある。道者はこの関を通って二の瀬橋の下の那智川で禊をする。したがってここを禊橋ともいい、いま道者が橋をわたっているが、その前方には高野聖が二人、特徴のある笈《おい》を負って上ってゆく。第三の関は振加瀬《ふりかせ》橋をわたった大門の下にある。十一文の関銭をとったので十一文関の名があるのは民衆が高すぎるとおもったからだろう。ここが那智の聖域の結界なので、関銭ばかりでなく、生臭物をもったものも取締りの対象になったはずである。いま殺生禁断の碑や下馬の碑が立っており、江戸時代には新宮藩の番所があった。ここはいまの自動車道とは別に大門坂の旧道をのぼらなければ見ることができない。

大門坂の途中で御幸道と巡礼道が分かれるが、御幸道は真直に石段をのぼって三重塔前から那智権現の社壇へ通ずる。巡礼道は七本願の一である「奥之院」の前を通ってお滝本へ出る。本願というのは勧進ということとおなじで、熊野の堂舎再興の勧進に全国をまわり、建設資金をあつめたり、念仏をつかさどって葬式をいとなんだりした。この参詣図はそのような勧進に、絵解き説経で人集めをするためにもってあるかれたものであるから、図のちょうどまん中にあたるところに、本願の建物がかかれているのであろう。

お滝本にはお滝の正面に滝拝所があるが、いまはない。その左の千手堂は神仏分離後、お滝本祈禱所にかわった。もっとも注意をひくのは滝壺の橋で霊光橋という。橋の向こうは別所とよばれ愛染堂、不動堂、籠所などがあり、滝籠りの行者のおるところである。霊光橋をわたって出てくる四人の滝籠り行者がかぶっている三角帽は「烏《からす》帽《ぼう》」というもので、大先達のしるしである。滝壺に文覚《もんがく》修行の滝（曽《そ》以《い》の滝）があるが、図は文覚が十二月に三七日の滝行をしようとして凍死し、それを不動明王の使者、矜羯羅《こんがら》と制吒迦《せいたか》の二童子があらわれて蘇生せしめる話をあらわしている。もちろんこの部分だけで一席の説経ができたのであろう。

御幸道をのぼると田楽場《でんがくば》で、いまの青岸渡寺の位置に三重塔があり、田楽とお木曳きがおこなわれている。いずれも那智の主要行事であった。権現の社殿はほぼ現在通りであるが那智の御本社にあたる第四殿（結《むすびのみや》宮または西御前）に扇が懸仏《かけぼとけ》の代りにかけてあるのが面白い。広前では貴人の参詣をむかえて神楽がおこなわれている。この貴人はこの図の裏書に「当院の住侶覚僧、鳳輦の先達を為し奉り」とある覚僧が第三世検校覚宗のこととおもわれるので、鳥羽上皇の熊野御幸をあらわしたものらしい。上皇の左に緋の甲衣に金襴の袈裟をつけたのが覚宗で、先達として読経奉幣している。社殿の前の回廊の屋根に鳥が二羽向き合っているのは夫婦鳥の伝説をあらわしたものかもしれない。

「熊野参詣図」のもう一つの例をあげると、京都若王子《にゃくおうじ》社蔵の二幅物がある。一幅は那智社頭の図であり、他は新宮社頭であるから、もとは本宮社頭をくわえて三幅だったであろう。那智社頭の図は下段に二の瀬橋または振加瀬《ふりかせ》橋をえがき浄衣の道者が陸続とわたる光景をあらわす。漢画風の筆致で人物や馬がのびのびと表現されているが、道者三人が馬に乗っているのはめずらしい。そのなかの一人は女性で、壺装束、市女笠《いちめがさ》に「むしのたれ衣」をながく垂れている。中世女性の旅行装束で、イスラーム教国のチャドールのようなものである。

道者は本願「奥之院」の前を通って図の中段の権現社の前に達するが、広庭では社僧による奉幣と祈禱がある。那智十二所権現の社殿や礼殿、観音堂の位置はすべて室町時代初期の姿をあらわしている。図の上段はお滝とお滝本の光景で、建物は滝拝所と本地堂だけが見える。道者はお滝に敬虔ないのりをささげ、やがて深山の山道を登ってゆく。妙法山または雲取越にむかうのであろう。

新宮社頭の図は白河法皇熊野御幸の図といわれ、いま法皇が本宮から屋形船で熊野川を下り、新宮に上陸したところらしい。鳥居のそばの白浄衣に黒袈裟と頭巾の法体が法皇で、浄衣に烏帽子《えぼし》の人々が供奉の公卿であろう。法皇の後にひざまずいている山伏二人は先達とおもわれ、時刻は夜とみえて松明持《たいまつもち》の先導がある。新宮も那智となじように「日本第一　大霊験所」の額をかけた大鳥居を水辺に向かって立てていたことがわかるが、上陸してこの大鳥居をはいれば、湯立釜の前で祓浄をしたものらしい。社殿の前では道者のために神官が奉幣祈禱をしており、これは那智とちがう点である。図中の人物の動作はすべてのびのびと描写され、社殿に比して大きく描かれているのは、参詣図が法皇御幸の物語や、参詣の次第をかたるのに都合よくしたためであろう。この点にいわゆる熊野曼荼羅と精神も表現も異なるものを見るのである。新宮の社殿はいま左端の第一殿西御前（結宮）が第四殿に合祀されて存在しない。

さて『一遍聖絵』も第三巻の熊野三山の部分は、参詣図の範疇に入れてさしつかえない。いうまでもなくこの『一遍聖絵』は、一遍上人の生涯を十二巻の絵巻物に仕立てたもので、日本絵巻物中、最高の傑作という定評がある。人物の描写も個性的ですぐれているが、その自然描写は構図も描法も淡彩も間然するところのない絶品である。そのなかでも熊野三山の部分はとくに画師が力をこめたために、傑作中の傑作といわれ、私も熊野といえば聖絵の熊野を頭にうかべるほどである。

また聖絵が熊野をかたるのに逸することができないのは、その写実性が芸術的真実ばかりでなく、歴史的事実をも伝えているからである。絵はすべて絵そらごとといわれ、事実に忠実であることをもとめないのがつねである。実際に芸術は写実すぎても純粋な美が表現されないし、さればとて象徴的すぎても具体的な感動がない。この矛盾する写実と象徴とをどう調和するかによって、芸術的価値がきまるといってもよいであろう。ところが『一遍聖絵』はこれをみごとに作品の上に解決したものといえる。

この絵巻の画師は、『一遍聖絵』以外に作品のない法眼円伊《えんに》で、詞書は聖絵のなかに登場する聖戒弥阿弥陀仏《しょうかいみあみだぶつ》の手に成る。私は聖戒がこの絵巻をかいてもらうために、一遍上人没後間もなく、画師円伊をともなって、一遍遊行《ゆぎょう》の跡をふたたび旅をしたものと推定している。そしてその場その場の風景をスケッチさせ、一遍在世中の出来事をかたってきかせては下絵をとらせたものとおもう。そうでなければこれほど風景や地形や事実に忠実な絵はかけないはずである。

私はかつて「日本絵巻物全集」（角川書店）の『一遍聖絵』に解説論文を執筆するため、絵巻に出てくる主要な遺跡をまわったが、その風景や地形の描写の的確さにおどろいた。近年一遍遊行の北限である奥州江刺《えさし》郡の河野通信《みちのぶ》（一遍の祖父）の墓が、岩手県北上市稲瀬町水越の聖塚《ひじりづか》に発見されたが、これもそのあたりの地形と風景が聖絵のこの部分とまったく一致することが手がかりであった。

さて『一遍聖絵』で鎌倉時代の熊野を知ろうとするには、一つの問題がある。それは現在の歓喜光寺蔵の原本には第三巻と第六巻に錯簡《さっかん》があって、これを復原しなければならないからである。私もかつてこのことを指摘したが、最近宮次男氏は新善光寺御影堂本によって復原をこころみていられるので、それにしたがうことにしよう。

権現と超一・超二（清浄光寺・歓喜光寺所蔵『一遍聖絵』）

聖絵の現状では一遍はまず新宮へあらわれ、それから那智、本宮という順序でまわったことになる。しかしこれは当時の熊野詣の常識に合わない。ところが復原すれば常識通りの本宮から熊野川を下って新宮へ、それから那智へまわったことになり、聖戒の詞書とも一致する。これは絵巻物の糊付がはなれたときに、紙継の順序を5・6・7・8・1・2・3・4と半分ずつ逆につないでしまったからである。

以上のような復原によって見てゆくと、まず第一に一遍聖と熊野権現が峻嶮な中辺《なかへ》路《じ》の山路で出会う図である。ところでこの図に「権現」「一遍聖」「超一」「超二」と書入れがあるのは江戸時代の作為で、詞書によれば権現は「一人の僧」であり、別伝によれば「律僧」である。この「一人の僧」は五人の道者と道連れになって本宮の方から下向してくる。道者の二人の女性は白浄衣の上に上臈の行装である壺装束市女笠に、裾まで垂れる「むしのたれ衣」をつけて徒歩である。お伴の女性は垂れ衣はみじかく庶民をあらわしたものだろう。これらはそのあとから先達の山伏にひきいられた一団の道者の装束とともに、当時の熊野詣の風俗を知る貴重な資料である。

一遍がここに通りかかったのは文永十一年(一二七四)の夏で、聖戒はともなわれていない。聖戒は私の別論でのべたように、一遍の還俗《げんぞく》時の実子である。そしてこの絵にある超一は一遍還俗時の妻の尼であり、超二はその娘と推定される。右端の男僧は伊予を出るときからの伴僧の念仏房であることは別巻の詞書でわかる。一遍はこのとき三十六歳で、再出家ののちこの三人にくわえて聖戒をともなって故郷を出たのであるが、何故か伊予の桜井で聖戒のみ帰郷させてしまう。本文には関係のないこのかなしい「桜井の別れ」を円伊は情感をこめて、わざわざ二景にかいたのは、ふかい事情があることを知っていたからであろう。

『一遍聖絵』は本文には家庭の事情はしるしてないが、画面はよくそれを表現している。たとえば一遍聖の顔と聖戒の顔を全く瓜二つにかき、超一・超二を描き、そしてこの一行が故郷を出発するとき、別の女性と二人の子供が見送る図をそえている。これは一遍が還俗時に二人の妻をもち、そのトラブルから再出家したことを推定せしめる図で、『北条九代記』は刈萱《かるかや》道心石童丸の説経は、一遍と聖戒をモデルにしたことを素破《すっぱ》抜いている。すなわち、

開山一遍上人は、伊予国の住人河野七郎遍広が次男なり。家富み栄えて（中略）二人の妾《おもいもの》あり、何れも容顔麗はしく心ざま優なりしかば、寵愛深く侍りき。或時二人の女房碁盤を枕として頭さし合せて寝たりければ、女房の髪忽《たちまち》に小さき蛇となり、鱗を立てゝ喰合ひけるを見て

と発心の動機をしるし、熊野での念仏成道までの経緯《いきさつ》をかなりくわしくしるしている。一遍はこのような人間的な悩みを背負って、おそらく滅罪の苦行をかねて熊野詣をしたのだろうとおもう。しかし時宗教団の一遍伝（宗俊本『一遍上人絵詞伝』その

他）は開祖の超人間性を強調するために、聖戒を弟とか従弟《いとこ》とかに仕立て、二人妻をもったのも親類の者の話にしている。そして一遍再出家の動機は、

建長年中ニ法師ニナリテ、学問ナドアリケル比《ころ》、親類ノ中ニ遺恨ヲサシハサム事有テ殺害セントシケルニ、疵ヲ蒙リナガラ敵ノ太刀ヲ奪ヒ取テ、命ハ助リケリ。発心ノ始メ、此事ナリケルトカヤ

とぼかして、何故に親類の者に闇討《やみうち》されるほどの遺恨を買ったかをしるさない。もちろん聖戒も家庭の事情はくわしくはかたらないで、ごくひかえ目に細註として、

超一・超二・念仏房、此三人因縁を発するに、奇特有りといへども、繁を恐れて之を略す

と事情をほのめかすだけである。これらを総合して忌憚のない推理をすれば、あれだけはげしい気性の一遍であるから、還俗時代の恋愛も不羈奔放で、そのために人の遺恨を買う所行があっただろう。それで闇討か決闘かわからない、無頼の徒のような刃

物三昧におよんだものとおもう。その結果発心したというところを見ると、自分の命は助かったが、奪い取った刀で相手は助からなかったのかもしれない。

二人妻のトラブルは女性の嫉妬だけで発心したというのはすこし弱いから、痴情怨恨の傷害致死による罪業観までふくめても無理はあるまい。そして超一・超二・念仏房はその渦中の人であり、ともに発心して熊野に詣でたという推理が成り立つ。嫉妬は愛の裏返しで神代の女神も嫉妬したことになっているが、封建時代の一夫多妻制のもとでは、女性の嫉妬の感情は弱かったといわなければならない。しかし殺生となれば大きな罪業で、中世人には堕地獄のまぬがれがたい業因となるから、よく滅罪の巡礼回国に出て恩讐を越えようとする。

私は一遍の熊野詣はこのようなドラマチックな背景をかんがえるべきものとおもうし、熊野路には人生の宿業の重荷を背負った道者、巡礼者が多数往来していたものとかんがえている。長谷・石山の物詣《ものもうで》ならいざ知らず、熊野詣は物見遊山や酔狂ではとうていできなかったのである。

熊野詣の動機には病気平癒の立願もあったようで、自分でもわが子でも重病たすかりがたくなると、熊野詣を果たしますから助けて下さいと立願する。これは命がけの、最大の立願だったようである。ところが平癒してみると熊野詣を忘れるものもあったらしく、『新古今集』には、筑紫の人で子供の病気に立願平癒しながら忘れているうちに子供がまた大病になった。すると熊野の神の託宣があって熊野がいかに遠い国であっても、私は待っているから、はやくまいりにこい、という神詠があった話がある。このような熊野詣には平癒のよろこびがあるが、宿業を背負った罪ほろぼしの熊野詣は足も重かったことであろう。

一遍の熊野詣がもし一般の仏教史家のいうように、宗教上の一大疑団の解決というような崇高なものだったら、超一、超二のような女子供をともなういわれはないのである。そしてこのとき一遍は賦算《ふさん》という融通念仏の念仏札を道行く人に配る仕事をしながら熊野へくるが、これも念仏勧進といえば体裁はよいけれども、勧進の目的は一紙半銭の喜捨をうけることであるから、無銭旅行の方便でもある。

ところが一遍の運命はこの熊野詣で一変してしまうことになる。というのは、安易な札配りは「一人の僧」が札をうけるのを拒否したところから、はじめて宗教上の一大疑団に

熊野本宮大社旧社殿の図（清浄光寺・歓喜光寺所蔵『一遍聖絵』）

逢着《ほうちゃく》する。この僧はすこし理屈ぽい男だったとみえて、自分は念仏に信心がわかないから、札はうけとれないという。これは一遍にとって一大ショックであった。しかしこのままではそこに居合わせた道者たちもみな札を拒否しそうなので、無理にたのんでその場は受けてもらったのであるが、一遍ははたしてこのまま賦算をつづけてよいのだろうかという疑問をもった。そこで本宮につくと証誠殿の託宣をあおぐために通夜をする。すると権現は白髪に長頭巾の山伏姿で出現し、

融通念仏すゝむる聖、いかに念仏をばあしくすゝめらるゝぞ。御房のすゝめによりて、一切衆生はじめて往生すべきにあらず。阿弥陀仏の十劫正覚《じっこうしょうがく》に、一切衆生は南

熊野川の図（清浄光寺・歓喜光寺所蔵『一遍聖絵』）

無阿弥陀仏と必定するところ也。信不信をえらばず、浄不浄をきらわず、その札をくばるべし

と告げた。このとき百人ほどの童子があらわれて、その札をうけようといって手をさし出し、南無阿弥陀仏ととなえてどこかへ去った。これはおそらく九十九王子であろうという。聖絵の図は旧社地における社殿と、一遍の物語二景を同画面にえがいている。第一殿（那智夫《ふ》須《す》美《み》神と新宮速玉神との合祀）の前には一人の上臈と二人の女性、および三人の男性と一人の僧が三昧僧にたのんで法楽をささげている。第五殿（一万十万神、勧請十五所・飛行夜叉・米持童子の相殿）では一人の上臈と一人の女性および五名の男性が御《お》師《し》らしい僧によって法楽をあげている。そのほか上臈を中心にした二つの集団が社壇に参入するところで、女性の熊野詣が目立って多い。そして礼殿には山伏の参籠が見えている。図の左下方の音無川からは二艘の船にのった道者が新宮へ下ろうとして

いる。
本宮から新宮への船は熊野川へ出て山峡を下るが聖絵はその光景を軽快な筆致と、清潔な淡彩で一幅の名画にまとめている。川岸のあぶない山道を反対に上ってくる山伏や道者は、那智から大雲取・小雲取を越えて本宮へもどる人々であろう。川船に一遍の一行の姿は見えないが、このようにして一遍は新宮へ下ってゆく。一遍は本宮の証誠殿でうけた神の言葉を船の中で反芻《はんすう》しながら、ぼんやりとこの景色をながめていたであろう。だんだんと一つの想念が彼の胸の中で固まってくる。そして次のような七言と四言の四句の頌《じゅ》に心境をまとめた。

六字名号一遍法　　十界依正一遍体
万行離念一遍証　　人中上々妙好華

六字之中　　本無生死
一声之間　　即証無生

これは時宗史で熊野成道《じょうどう》といわれるもので、一種の悟りであるが、きわめて禅的な念仏への開眼である。彼はここで人間的な悩みと宗教上の疑問を一挙に解決して、別な一遍として生まれかわる。そして超一・超二と別れる決意をする。聖戒の記憶によればこれは文永十一年の六月十三日のことで、聖戒への便りに、

今はおもふやうありて、同行等をもはなちすてつ

と書いた。「はなちすてつ」というつよい表現には、断ちがたい愛着を断固として断った悲痛なひびきがある。とても普通の別離とはうけとれない。しかしこのとき念仏札の形木（版木）も便りとともに聖戒へとどけているので、超一・超二を国元の伊予へかえしたのだろうと私はおもう。念仏房は一遍とそれからの行をともにしたらしく、弘安二年（一二七九）信州小田切の里の踊念仏に調声《ちょうしょう》（音頭取）となって踊っている。おそらくこの夜の新宮の宿の別離はかなしいものであったろう。

このようにして熊野は一遍にとって念仏成道の地となり、それから六十万人を融通念仏に結縁《けちえん》させる遊行《ゆぎょう》の旅に出る。彼はそれから厳格な禁欲の聖となるが、彼のまわりには僧の時衆《じしゅう》と尼の時衆があつまり、男女共学の念仏集団を形成する。この共学は合宿制なのでときに風紀をみだすこともあり、十二光箱による分宿や厳重な制戒もな

された。しかし一遍の時衆の人気は、一遍の人格的魅力や賦算や踊念仏とともに、この僧尼合衆の華やいだ雰囲気にあったのではないか。それは一遍の前半生の人間性の機微に通ずる洞察からうまれた巧妙な布教方法であったのかもしれない。

やがて時衆は教団として固定すると「時宗《じしゅう》」を称するようになり、一遍を超人間的人格にまつりあげて、その前半生の人間性をひたかくしにかくしてしまう。しかしこれでは熊野成道のほんとうの意味は理解されない。人間的苦悶を体験しないで、弥陀の救済をさけぶのはかえって空虚であり、偽善であろう。親鸞も「愛欲の広海に沈《ちん》没《もつ》」する自分をみつめて「愚禿《ぐとく》鸞」と観じたところに、弥陀の本願をじかにうけとめることができた。ただ一遍ははげしい気性で、熊野で同行を「はなちすてる」とともに人間的欲望を放下し、やがて時衆にくわわった聖戒とも一生涯親子の名乗りをしない。ただ臨終がちかづいたとき、わざわざ聖戒一人だけを側によんでなにくれと言葉をかけたことを聖戒はなつかしく聖絵にしるしているだけである。

第二章

小栗街道

ふぢ沢の上人は、うわのがはらにとび（鳶）からす（鴉）がわらふ比《ころ》、立よりて見給ふに、古のをぐりのつか二つにわれ、中よりがき壱人顕《あらわれ》たり。立よつて物とひ給へど物いはず。手のうちひらいて見給へば、何々「此ものをくまのの本ぐうのゆのみねへつけてたべ。こなたよりくすりの湯を出すべし、藤沢の上人へ参る。王ぐうはん」とかいて有

――説経「小栗の判官」――

紀路の熊野街道は俗に小栗《おぐり》街道とよばれている。いま堺市や岸和田市、貝塚市あたりで、旧熊野街道ときいても知る人はすくないが、小栗街道といえばおしえてくれる。それが老人であるとわざわざ細い路地や畦道をゆびさして、よくきいてくれたと

いうように、感慨ふかげに案内もしてくれる。

それはたいてい路地裏のような、軒のひくい家並のあいだを縫うようにまがりくねってつづいている。ほこりっぽい荒物屋があったり、老婆の店番する一文菓子屋があったり、豆腐屋から油揚のにおいがただよっていたりする。ところどころ工場につきあたったり、自動車の疾駆するハイウェーやバイパスと交叉してわからなくなってしまったところもすくなくない。伊勢街道や金毘羅《こんぴら》街道、あるいは秋葉街道などもおなじような運命であるが、中世の熊野道者が「蟻の熊野詣」といわれたほどにつづいた道とはとてもおもわれない。しかし人々が徒歩で旅した時代には一車線の道幅も必要としなかったし、宿と茶店と草鞋《わらじ》をさげた店さえあればよかったのである。そして人々はそれを小栗街道とよぶ。

説経や浄瑠璃で小栗判官と照手姫《てるてひめ》のロマンスをきき知っている人々は、おそらく小栗街道という音韻からしてロマンチックなひびきをもっていたのではないかとおもう。あとにもいうように、説経や浄瑠璃の「小栗の判官」では、河内・和泉へも紀州へも照手姫はこなかったのであるが、人々の幻想はこの道を照手姫が躄《いざり》になった夫の小栗判官を土車《つちぐるま》にのせて引きながら、熊野の方へあるいて行ったようにおもっている。だから熊野本宮の湯《ゆ》の峯《みね》に照手姫の車塚があっても、不思議と感じないのである。

小栗判官と照手姫のロマンスほど、人々の熊野へのあこがれをそそったものはなかったであろう。それはちょうど、刈萱《かるかや》と石童丸《いしどうまる》の哀話が、人々の高野山へのあこがれをそそったとおなじである。いまも高野山へのぼる人々は、伽藍や奥之院や霊宝館よりも、まず刈萱堂へはいり、寺僧のものうげにかたる石童丸の絵解きに満足する。これにたいして熊野にはもう小栗判官の幻想はほとんどうしなわれ、湯の峯の車塚もふかい羊歯《しだ》のしげみにうずもれたままであった。

これは一つには本宮と湯の峯のあいだの道に隧道ができてから、人が車塚のあたりを通らなくなったせいもある。私たち一行も車塚をさがすのに、車を隧道の入口にまたせて一苦労したすえ、湯の峯の「あづまや」の先代が建てたという石柱をみつけて、ようやくさがしあてたくらいである。しかし車塚のあたりからの熊野川の遠望はすばらしく、本宮の旧社地の大樹叢もはっきりと指呼の間《かん》にみえるのであるから、展望台としてももっと人々を引きつけてよいのではないか。

熊野から小栗判官の幻想がきえたのは、やはり神仏分離の結果、その唱導がきかれなくなったためであろう。民衆は健忘性であり、うつり気である。たえずかたられぬ物語は忘却の彼方におきわすれてしまう。だから若い人々は湯の峯の川のなかに、小栗判官旧蹟と書いた「壺の湯」があっても、まるで興味をしめさないのである。

熊野で小栗判官と照手姫の幻想がうしなわれた理由の一つに、熊野の人々、とくに湯の峯の人々がこの物語をはやくわすれたかった因縁も指摘しないわけにはゆかない。この日本に癩病という病気がひろく蔓延していた時代ならば、私もこの因縁をかたることを躊躇したかもしれない。しかしいまはたかいヒューマニズムにささえられた医学の発達と社会連帯制度の結果、悲惨な患者を街頭に見ることはなくなった。もはやその事はかたられてよいし、歴史は過去の不幸を人間がいかに克服しようとし、またいかに克服したかをあきらかにしておく義務がある。熊野と時宗《じしゆう》と癩病——これは中世史の知られざる断面といってよいであろう。その断面を「小栗の判官」はのぞかせてくれるのである。

おそらくこの小栗街道には数多くの癩者が鼻も耳も頬もくずれおちて、唇だけはれあがった顔を白布につつんでただ一縷《いちる》の熊野権現のすくいを無理にも信じようとしながら、たどっていったことであろう。小栗判官のように足腰も糜爛《びらん》し去って躄になったものは、箱に丸太を輪切りにしただけの車輪をつけた土車《つちぐるま》に乗り、道行く人に引いてもらうか、自力で下駄をはいた両手で這うように山坂をこえていったらしい。そのような癩者の姿は『一遍聖絵』に手にとるように活写されていて、一遍の大念仏の場には多数の癩者が小屋掛までしてむらがっていた。

熊野ではたびたびそのような患者が中辺路をあるいていた記憶を、老人からきくことができた。私が踏査などといさましいことをいって歩いてみて、顎《あご》をだしてしまった大雲取の険路でさえ、躄の癩者が越えていったという。信じることもできない話なのだが、大雲取には山賊が出没して道者の路銀をうばうことがしばしばだった。明治のころの話で、ある魚屋がこの道を通って山中の村へ行商に行き、金をもってかえるとき山賊に出会った。彼は突嗟に躄のまねをしてかれらにちかづいたので、山賊は安心して贓品《ぞうひん》を魚屋にあずけて別の仕事に出ていった。魚屋はそれをすっかり頂戴して逃げたという話を、山林ではたらいていた人夫からきいた。これはにせ躄を山賊があやしまないほどに、この道をあるいていたことを推理させる。

むかしは癩者は発病してそれと目だつようになると、家族へかかる迷惑をおそれて終りを知らぬ旅にでたという。暮夜ひそかに巡礼の旅仕度をして家を出て、家族は村境まで見送る。文字通りの生き別れである。この病気は悪化して体をくさらすだけで、良くなる見込みはまったくなかった。彼の前途には確実に乞食と野宿と野たれ死だけが待っている。そのような旅に彼は家族のためをおもって旅立つのであり、家族はわが父母または兄弟を送り出すのである。かれらはそこに立ってどれほど長く泣いたであろうか。雨につけ風につけ、のこった家族も自分たちの生命のあるかぎり、重荷はきえなかったとおもう。

昔は戦争よりも大きな惨事が、日常生活のなかにしのびこんでいた。戦争ならば生きてかえるチャンスもある。その死もまた一瞬であろう。そのうえ戦死者には栄誉と勲章でむくいられる見込みがある。しかしこの病気は希望のないながい放浪のあいだに、確実に肉体は死にむかってくずれおちていった。しかもそれは死よりも苦痛な侮蔑と社会的疎外のなかでである。私も少年のころ観音さんや薬師さんの門前の路傍で物を乞う癩者を見たとき、顔をそむけ息をとめて走り去ったものである。私はいまそれをはずかしくおもう。

社会はそれを天刑病とよび、なにか前世の罪悪のむくいであるようにかんがえていた。しかしヒューマニズムにささえられた科学と社会的救済は、この宿命とおもわれた人類の惨事を克服した。ヒューマニズムの偉大な勝利である。

中世には癩病は「がきやみ」とよばれていたらしい。折口信夫先生は有名な『餓鬼阿弥蘇生譚』のなかで、小栗判官の餓鬼阿弥から「がきやみ」がでたというが、私はこれは逆だとおもう。『餓鬼草紙』の餓鬼と癩者をくらべたらこれはすぐわかるはずだ。小栗判官は熊野にあつまる癩患者の代表格で、しかも時宗の遊行上人にすくわれるという説経の趣向から「やみ」を阿弥にしたまでである。ともあれ医学とヒューマニズムの発達しなかった時代の「がきやみ」の救いは宗教しかなかった。そのなかでも時宗はかれらの救済に積極的だった。

興正菩薩《こうしょうぼさつ》とよばれた西大寺叡尊《えいそん》もその救済に尽力した人であるが、非人救済が主であった。非人乞食は文殊菩薩の変身という文殊信仰にもとづいた社会事業である。しかし時宗は一遍の遊行時代から、その周囲に癩者があつまっていた。たとえば『一遍聖絵』巻四では、信州佐久郡伴野《ともの》の市《いち》で歳末《さいまつ》の別時《べつじ》念仏会をしたとき、むらがる乞食のあいだに、白布で顔をつつんだ癩者がみえ、同じく巻七の大津関寺の別時念仏会にも同様な四人の癩者が、あつまる人から物を乞うている。また同じ巻七の京都七条の市屋道場での大念仏会の踊念仏の場には、小屋掛した多数の癩者がえがかれているが、その中の二人は両手に下駄をはいた躄である。同じく巻十一の一遍終焉《しゅうえん》の地となった兵庫光明福寺の観音堂（いま神戸の真光寺）の門前にも多くの癩者がえがかれている。

ここにあげた例のほかにもむらがりあつまる乞食非人とみえるのは、みな癩者ではなかったかとおもわれるのである。このような現象は高野山や善光寺などの霊仏霊社の門前にもみられたことかともおもうが、とくに『一遍聖絵』が強調してとりあげているところをみると、時宗が積極的に癩者救済を主張していたものとおもわれる。そしてこれを傍証するのが説経「小栗の判官」である。

一遍の遊行には時衆の集団がついてまわるのであるが、霊仏霊社で別時念仏をもよおすと、ところの信者たちが莫大な飲食物その他の施行《せぎょう》をもちこむ。それは乞食や癩者にもわかたれるのであって、そのことが施主の功徳ともなる。十夜婆《じゅうやばば》の語があるように、平素いかに因業なものでも、念仏会にはきそって功徳をつもうとする。そこで遊行上人は土車にのった癩者があれば、かわるがわるそれを曳いてやると「万僧供養」とおなじ功徳があるといたのであろう。そのうえ時衆の大念仏には雲霞のごとき大衆がおしよせて施しものをするのだから、乞食癩者は遊行上人と時衆の一行について、まわれば生活できたわけである。しかも融通念仏に結縁すれば、前世の罪がきえて、今生は癩の苦をうけるとも、来世は極楽にうまれる希望がある。このようなところから時宗と「がきやみ」との不即不離の関係がうまれたものとおもわれる。

ところで旅にでた癩者はこの病が前世の宿業と信ずれば、滅罪の苦行として熊野詣をえらぶものもあったであろう。しかし、熊野に癩者があつまるようになったのは、時宗の念仏聖が熊野の勧進を独占した時期からとみなければならない。湯の峯温泉に正平二十年（一三六五）の「一遍上人爪書《つめがき》の名号」があるのは、そのような時期の遺物であろう。そしてその勧進の唱導のレパートリーが「小栗の判官」だったわけである。これはちょうど高野山の勧進に時宗が進出して、高野聖の時宗化がおこなわれた時期とおなじで、説経「かるかや」もその唱導のレパートリーであった。

熊野と時宗の関係はすでに開祖一遍の念仏成道《じょうどう》のときからむすばれていたが、遊行上人第二代の他阿真教は嘉元四年（一三〇六）に、画師掃部《かもん》入道心性とその子息藤原有重に一遍の伝記を十巻の絵巻にかかせて、熊野権現に奉納した。これは聖戒本の『一遍聖絵』より七年後にできた根本伝記で、現存すれば貴重な資料であるけれども、どうも焼失したらしくいま所在が知れない。ただ真教の「奉納縁起記」というものがのこされていて、奉納の事情を知ることができるだけである。真教はこのなかで「利益日を逐ふて増長し、門徒年を重ねて繁昌す。是皆権現の加護に非らんや」とのべて、熊野権現への感謝を表明している。そして『聖絵』をただしくよめば、一遍聖の作った頌文《じゆもん》であるはずの「聖《ひじり》の頌」を、熊野権現の作った頌文「聖頌《せいじゆ》」とするような曲解までおこなわれるようになる。

また熊野権現は時宗擁護の神であるから、時宗の融通念仏にはいるものは熊野権現の加護をうけることができると説き、時宗の寺にはかならず熊野権現社をまつるようになる。いま時宗史の研究者は熊野社があれば、かつて時宗寺院があったのではないかと見当をつけるほどである。また熊野詣の途中で死ねば往生できると宣伝したのも時宗だったようで、『聖絵』にも上総《かずさ》の生阿弥陀仏《しょうあみだぶつ》の死去を「生阿弥陀仏は、熊野の道中にて、臨終めでたくて、往生とげられぬ」というようにしるされている。

時宗が熊野詣を勧進するのにつかった有力なキャッチフレーズは、熊野権現は他の神社とちがって不浄をきらわずということであった。これは一遍の熊野成道のときの権現の託宣に「信不信をえらばず、浄不浄をきらはず」とある言葉によったこととおもうが、すでに亡者の熊野詣の信仰があって、黒不浄とよばれる死の穢をきらわなかったことは事実である。そのうえ赤不浄とよばれる産穢、月水の穢をも権現はきらわずとしたのは時宗であった。それどころか時宗の寺ではちかごろまで「不浄除け」という念仏札を発行していた。これは熊野詣には必要はないが、女人が伊勢参りをするとき、もし月水があれば参れなくなるので、この札をもっていて万一にそなえさせたのである。

熊野権現が女人の不浄をきらわないということを宣伝するのに、時宗は和泉式部をひきあいにだす。というのは和泉式部が熊野詣して、本宮のすぐ手前の伏拝王子まできたとき、とつぜん月水がおこった。そこでそこからひきかえそうとして、つぎの歌をよんだ。

晴れやらぬ　身のうき雲の　たなびきて
　月のさはりと　なるぞかなしき

すると、その夜権現があらわれて次の歌をしめしたので、そのまま詣ることができたという。

もろともに　塵にまじはる　神なれば
　月のさはりも　なにかくるしき

このような話は時宗が唱導のために作為したものであったことはうたがいない。一体、和泉式部の説話を各地に伝播し、式部の墓をたくさんつくったのも時宗の徒のしわざであった。その説話の中心になったのが、京都新京極のさかり場のまん中にある誓願寺の和泉式部の墓である。

この墓は鎌倉時代末の宝篋印塔《ほうきょういんとう》であるから、時宗の徒が和泉式部と一遍の物語をつくって唱導し、式部のための供養碑をたてて大念仏をおこなった旧蹟であろう。すなわち一遍が誓願寺で念仏会をもよおし、賦算《ふさん》していると、和泉式部の亡霊があらわれて、賦算の「決定《けつじょう》往生六十万人」とあるとは六十万人の定員制度で、それ以上は一人でも往生できないのかと問う。一遍はそれにたいして、六十万人というのは「三熊野の御夢想」による四句の頌文の頭文字をとっただけで、数の六十万人ではないとこたえる。また式部は誓願寺の寺額をとりのけて、一遍自筆の六字名号をかけてほしいとねがうので、その通りにすると式部の亡霊はよろこばしげに墓石のかげに消えた。謡曲「誓願寺」は時宗のこの「和泉式部化益《けやく》の事」という唱導の秘伝を脚色したものである。熊野本宮の伏拝王子にちかい和泉式部供養塔と称する石幢も、熊野時宗の唱導の遺物とかんがえてよいであろう。

以上でわかるように熊野の唱導に従事した時宗の聖は、癩者救済をテーマにした説経「小栗の判官」をつくって、時宗と熊野を宣伝したのである。それは「がきやみ」を不浄とかんがえ、天刑とかんがえていた時代には、おどろくべき発想であった。しかしそれはくるしめるもの、しいたげられたものにこそ、神仏の恩寵はあるという宗教の真髄をふくんでいたし、その底をながれるヒューマニズムは中世人の心をふかくうったにちがいない。そしてこれに配するに純情な照手姫をもってしたので、ずいぶんうすきみわるい筋書ながら、ほのぼのとしたロマンチシズムのただよう名作となった。

そのため中世には五説経とよばれて「かるかや」「梵天国」「三荘太夫」「阿弥陀胸割り」とともに大衆に愛好され、やがて浄瑠璃、歌舞伎にもなって、照手姫が「がきあみ」の小栗判官を土車にのせて曳く「車の段」は、小栗街道にロマンチシズムのひびきをのこしたのである。

その大体のあら筋をいえば、三条高倉の大納言兼家殿の嫡子、小栗判官正清なるものは鞍馬詣の途中で、深泥池《みどろいけ》の大蛇に見染められ、これと契りをむすんだため、都に災害がおこり、常陸の国へ流人となった。話はここで小栗判官が異常な人格であることを暗示するが、小栗は十人の家来をつれて常陸へ着く。そこで旅商人の情報で、武蔵相模の郡代、横山殿の末娘の照手姫がならびなき容姿であることを知り、旅商人を恋の使者にたてて恋文をおくることになる。

やがて「照手ふみの段」があって、小栗は照手姫に会うため、その館に出向く。そこで小栗と照手はかたい契りをむすぶが、父や兄弟の許可をえておかなかったため、その怒りにふれて人間を喰う荒馬「鬼鹿毛」の人秣《ひとまぐさ》に飼われようとする。しかし小栗の神通力で鬼鹿毛に因果をいいふくめるのが「宣命《せみよう》の段」で、鬼鹿毛は小栗を喰べるどころか、かれをのせて碁盤乗《ごばんのり》の曲芸をみせたりする。そこで照手姫の父や兄弟は小栗とその従者に毒酒を盛って殺してしまう。そして小栗判官だけは土葬にし、従者十人は火葬にされるのが、小栗だけ蘇生するという伏線になる。

一方照手姫も不義の片割れとして、相模川の入海《いりうみ》にしずめられるというのはどうも辻褄があわないが、これは水葬で、土葬、火葬とともに時宗が中世にはもっぱら葬礼をあつかったことをしめしている。しかもこの水葬は熊野の補陀落渡海をあらわしているようで、「ろうこし」(牢輿)という一種のうつぼ船にのせてながすのである。横山殿の命をうけて照手姫をとらえにゆくのは鬼王、鬼次の兄弟であるが、その由を照手姫につげると、覚悟をきめて母や上人や中居の女房たちに形見をわけるのが「かたみおくりの段」である。ここで、

びんのかみとまもりをば、はは上さまに参らせよ、扨又《さてまた》からのかゞみをば、ふぢ沢の上人さまに奉れ、ひめがなからんあと迄も、よくとぶらはせ給はれ

と藤沢の上人、すなわち時宗の遊行上人に「唐の鏡」を形見におくるのが、また小栗蘇生の伏線になる。ただここに藤沢の上人とあるのは、時宗四代の遊行上人、呑海《どんかい》が藤沢に清浄光寺《しょうじょうこうじ》をたてたのが正中二年(一三二五)であるから、この説経はこの年

以後の成立ということになる。また「いたこ」などが回向の布施を「唐の鏡」というのもこれから出ているらしい。

ところが鬼王、鬼次の兄弟は姫を海にしずめるにしのびず、牢輿につけた石だけをドブンとしずめて松明《たいまつ》を陸にむけて振る。これは姫がしずんだ合図で、陸では女房たちが念仏をとなえはじめるあたり、入水往生または補陀落渡海をあらわしたものであろう。ここで牢輿は風のままにながれてゆき、「ゆきとせ浦」にながれついた。しかしそこでひろってくれた村長《むらぎみ》の妻が因業で、姫を銭二貫文で人買にうりわたしてしまう。

このあたりの姫の運命は「三荘太夫」の安寿《あんじゅ》と対王《つしおう》の運命のように、しつこいまでに悲惨にかたられる。とど、姫は美濃の国おふはか（青墓）の宿《しゅく》よろづ屋に二十五貫文で買われ、常陸小萩の芸名で遊女のつとめを強要される。しかし姫は死んだ小栗への貞女の道をたてるため、あらゆる難題と苛酷な労働にたえて水仕女《みずしめ》としてつかわれた。そのあいだ水汲にでて清水に己が姿をうつして、やつれはてた姿をなげくのが「しみづの段」で、

髪に櫛の歯いれざれば、おどろを乱《みだ》いたごとくなり。是もたれゆゑ夫《つま》のため、うら

みとさらに思はれず、さがみの方へ打向ひ、念仏申す夫《つま》のため、又申すねんぶつは、殿ばら達へと回向して

のさわりがある。

一方地獄では小栗判官と十人の従者（殿原）は閻魔王宮にひきだされ、小栗は修羅《しゅら》道《どう》へ、従者は娑婆へもどせと判決される。すると十人の従者は主人にかわってわれわれが修羅道へゆくから、小栗判官を娑婆へもどしてほしいとうったえる。こうして土葬であった小栗は「がきやみ」として蘇生することになるが、その救いは藤沢の上人にまかせるため、小栗の掌に「この者を熊野の本宮の湯の峯につけてたべ、こなたより薬の湯を出すべし。藤沢の上人へ参る。王宮　判」と閻魔大王のお手判をおして娑婆へもどされる。十人の従者も忠義に免じて蘇生させようとするが、火葬で身柄がないため大王の側近として十王となった。

場面かわって藤沢上人が「うわのがはら」を通ると、小栗塚が二つにわれて餓鬼があらわれた。その掌をあけてみれば閻魔大王のさきの消息と手判がある。そこで上人は小栗に餓鬼阿弥陀仏というありがたい阿弥号をつけて融通念仏のメンバーに入れ、土車にのせて胸に木札をかけさせた。それには、

此くるまを引ものは、ひとひきひけば千ぞうくやう《（僧供養）》ふたひきひけば万ぞうくやう《（僧供養）》に
成べし

とかいてあった。このお手判という着想は善光寺に阿弥陀如来のお手判というものがあって、極楽行のパスポートのようにかんがえられていた。そのことから往生決定《けつじょう》のしるしに、阿弥陀如来の身代りである善知識のお手判が、融通念仏宗の伝法《でんぽう》や、浄土宗の伝法にもちいられたのである。これが説経のなかに顔をだしているのであるが、時宗の遊行上人は閻魔大王とでも文通できるほど、あの世で顔がきくのだという宣伝がはたらいている。しかしこの木札は癩者のために遊行上人が実際に書いてつけてやったものだろうと、私はかんがえる。

スペインとフランスの国境にちかいピレネー山中のルルドは、一少女がマリヤの出現を見てから奇蹟の地になり、多くの蹇《あしなえ》があつまって、その泉に浴することにより全快した奇蹟で有名である。ヨーロッパではルルド巡礼のため特別列車も出るという。しかしわが国の中世には遊行上人の木札を胸につけた蹇が、道行く人の善意に曳かれて、嶮難をもってきこえた熊野路をこえてゆくことができたのである。これはま

ことに偉大な宗教の奇蹟といわなければならない。奇蹟は水の上を歩んだり、五個のパンを五千人の人が食べて余りが出るというような、忍者もどきの行為だけではない。人間の善意が結集してなすことのできる善行、仏教でいう作善《さぜん》こそ奇蹟というに値しよう。

現代の奇蹟は医学の進歩で癩を治し、病めるものは社会全体の善意で、安らかな余生を保障することである。中世の奇蹟は癩を治すことはできなかったが、みなで土車を一曳きずつ曳いて熊野へおくり、その善意で病めるものをなぐさめることであった。しかも西国三十三観音巡礼が、打ち納めとする美濃の谷汲《たにぐみ》山華厳寺には、笈摺《おいずる》堂に松葉杖がたくさんあがっているのをみると、熊野湯の峯でも実際の奇蹟はおこったかもしれない。というのは小栗判官はこの湯で「がきやみ」が治ってしまうからである。大衆にうけいれられる奇蹟というのは、きわめてありうべからざることであるとともに、絶対におこりえないことであってはならない。しかしかりに熊野で癩は治らなかったとしても、中世人はそこで来世の極楽往生をうたがいなく信ずることができた。これもまた大きな奇蹟であり、救済であったのである。

時宗のといた癩者の土車をひく功徳は、千僧供養、万僧供養にひとしいということだった。この千僧供養、万僧供養は仏教では仏・法・僧の三宝に供養する行為のなかで、功徳のもっとも大きいものとされている。平清盛も兵庫の港をつくるとき、経文の文字を一字ずつ書いた石を無数になげこんで、防波堤として経ケ島をつくるが、この大土木工事は千僧供養の功徳にあたるものとかんがえられた。

民衆は一人ではそんな大それた事業はできないが、みんなで小さな善意をつむことは、その善意の一つ一つがすべて千僧供養にあたるというのである。これはむずかしくいえば華厳経や法華経の円融相即の哲理というものだが、そんなペダンティックな説明をきかないでも、貧女の一灯、長者の万灯のように、ささやかな善意を大勢で積むことは、一人の金持のする売名的善行より、御仏の心にかなうことを民衆は知っていた。これは時宗の聖たちが霊験譚や因縁談の説経で民衆に理解させた結果でもあろうが、私は民衆の共同体意識がそれをうけいれさせたのだとおもう。民衆は一人でぬけがけの功名をして、功徳を一人占めにしようなどとはかんがえない。いつも善行をおこなおうとすると、講とか知識とかをむすぶ。知識は知り合いの意で同朋とか兄弟とかいうのとおなじである。集団の一人一人がわずかな金やわずかな労力を出し合う。それを聖が結集して堂塔をたてたり、橋をかけたりした。いまの大本山が大口募財や大檀越ばかりねらうのとはわけがちがうのである。

小栗ののった土車には男綱女綱がついていたがまだこれを曳く「だんな」があらわ

れないので藤沢上人の小法師にひかれて東海道を上ってくると、

ふじ《(富士)》参りの同者《(道)》達、いざや車をひかんとて、二親のために引も有、つま子のためと引もあり、ふじのねかた《(根方)》を引出し、ながれはげしきふじ川や、かんばら《(蒲原)》ゆひ《(由比)》の宿過て、みほの松原せいけんじ《(清見寺)》

と、死んだ二親や妻子の菩提のためにと土車はひかれ、海道上りの道行となる。やがて尾張から中仙道にはいって照手姫の常陸小萩がおる美濃の青墓の宿へつき、よろづ屋の門外に三日とどまる。おそらく土車を曳く「だんな」があらわれないと、癩者は何日もおなじところにとどまったものであろう。

ひたちこはぎは、がきあみぐるまを御らんじて、むねの木札を見てあれば、万ぞうくやうとかいて有、哀れみづから三日のひまの有ならば、一日はつま《(夫)》のため、また一日は殿原たちの御ために、車をひいてまゐらせたや

と照手姫は自由ならぬ身をなげいたが、よろづ屋の主人をいつわって五日の暇をと

り、三日曳いて二日でかえる約束をする。そして狂女に身をやつして大津まで土車をひくのが「車の段、照手姫道行」でこの一曲のもっともはなやかな場面である。しかし照手姫はこれを蘇生したわが夫とはしらなかったが、大津関寺玉屋で別れるとき自分の住所と名をかきつけた手紙をわたす。

大津から京、摂津と車の「だんな」が多く、やがて本宮の権現坂にかかると、人々はもう土車ではのぼれないので、「餓鬼阿弥籠《かご》」に入れて代る代るに背負い、湯の峯の湯壺に入れる。これがいまの「壺の湯」だといわれるが、土車をすてて籠にのりかえたところが、いまの車塚ということになる。壺の湯は湯の峯川のなかに、巨巌のあいだの甌穴《おうけつ》のような底から湧きだす熱い温泉で、筧《かけひ》の水を入れてはいる。まことに素朴な温泉で、いま近代化しようとする旅館街とそぐわないが、いつまでもあのままのこしてほしいものである。

小栗判官がここにはいると熊野権現があらわれて、小栗の介錯《かいしゃく》、すなわち介抱をしてくれる。光明皇后の癩者介抱の話もあるくらいだから、これを功徳行として、すすんで介錯する道者もあったものとおもわれる。かくて一七日《いっしちにち》で耳がきこえ、目が見え、三七日《さんしちにち》でもとの小栗に「たんぜう」すなわち生まれ代ったのである。熊野権現はここで山伏になってあらわれ、二本の金剛杖をわたす。そして、いかにきやくそう《客僧》、此つゐになんぼうゆらい《由来》のましますなり。一本はおとなし《音無》川にながす《流》れば、しして《死》の後めいど《冥途》におもむく時に、ぐせい《弘誓》の船とうかぶ也。又壱本つきふもと《麓》に下向ましまさば、侍ならば所りやう《領》をえる。なんぼうめで《目出》度此つゐ也

と杖の由来をのべるのを見ると、熊野本宮には音無川に杖を流して、死後の安楽をいのる風があったことを想定してよいであろう。

「いたか」の流灌頂

この杖はすでにのべたように、尾張津島神社の「御葭《みよし》流し神事」の人形《ひとがた》の御葭や、鴨川の五条の橋の下で「いたか」の流《ながれ》灌頂《かんじょう》にながされた五輪の卒都婆《そとば》とおなじ機能をもつものである。すなわち水葬が変化した一種の死者儀礼である。しかしこれはまた再転して御葭や卒都婆や杖にけがれをうつして、流しやることによって、死者の後生と、生者の安楽をえようという信仰になる。

いま六月三十日の大祓《おおはらい》に人形《ひとがた》の紙で体をなでてながす神事や三月三日の人形《ひとがた》流しはそれである。『平家物語』は鬼界ケ嶋にながされた康頼と成経が、熊野権現の御利生で赦免されることをねがうために、千本の卒都婆を流すことにしている。そのうちの一本が厳島の社前にながれ寄ったのを、西国修行の回国聖がひろって清盛にみせたために、赦免される趣向である。そうすると「小栗の判官」にいう熊野権現の杖というのは、山伏の金剛杖のように頭部を五輪形にきざんだ、六角卒都婆形の杖だったかもしれない。本宮ではこれをながすことによって、来世には往生する信仰があったことを推定することができよう。

さて蘇生して熊野から下向した小栗判官は美濃の青墓の常陸小萩、じつは照手姫のもとへいそぐ途中、京で三条高倉の父大納言の家をおとずれる。このとき小栗は門前で「熊野へ通る山伏に斎料《ときりょう》給べ」といい、大納言家も今日は亡き息子小栗判官の命日だからと斎をあげる。これも熊野山伏のあり方をしめしたものであろう。

やがて小栗は蘇生の因縁をかたって、親子の対面をする。それが帝の耳にはいって、常陸の国と駿河の国を所領にたまわり、美濃の国も秣料《まぐさ》にと拝領し、熊野権現の予言が実現する。こうして小栗判官は美濃の国守として青墓のよろづ屋に上り、常陸小萩を酌に召すが、小栗としらぬ照手姫は小栗への操を立てるために、これを辞退する。しかし主人に強要されてやむなく酌にでるのが「照手銚子《ちようし》の段」で、ここにたがいに慕う小栗と照手であることがわかり、めでたしめでたしとなこの説経は中世の庶民的唱導文学としては傑作で、ほのかなロマンチシズムと中世らしい神の奇蹟談で、熊野へのあこがれをそそる力は大きかったとおもう。神仏分離後は熊野三山側も時宗側も、この文学の価値をわすれてしまっているが、熊野詣をするものは一度はおもいだすべきものであろう。そして熊野がいかにめぐまれない人たちのなぐさめと救いであったかをしのびながら、小栗街道をあるいてみるのも無駄ではないとおもう。

熊野別当

熊野別当湛増《たんぞう》は、平家へやまゐるべき、源氏へやまゐるべきとて、田辺の新熊野《いまくまの》にて御神《みか》楽《ぐら》奏して、権現に祈誓したてまつる。白旗につけと仰《おほせ》けるを、猶うたがひをなして、白い鶏七つ赤い鶏七つ、是をもて権現の御まへにて勝負をせさす。赤きとり一もかたず。みなまけてにげにけり。さてこそ源氏へまゐらんとおもひさだめけれ。

——『平家物語』——

熊野の歴史は神秘的な宗教の面と相容れないもう一つの顔をもっている。それは中世の戦記にあらわれる熊野水軍とか武蔵坊弁慶の武勇譚である。どうして神秘な熊野に、このような武力がはぐくまれたのであろうか。

『平家物語』の「鶏合《とりあわせ》壇浦合戦」の条によると、文治元年（一一八五）に熊野別当湛《たん》増《ぞう》は源平双方から味方に召されたという。これは熊野が当時最強の水軍力をほこっていたからで、源平合戦のキャスティング・ヴォートをにぎっていたことは、歴史上かくれもない事実である。壇浦合戦にあたっては湛増は田辺の新熊野《いまくまの》社で、白い鶏と赤い鶏の闘鶏によって神意をうらない、その勝負の結果平氏を裏切り源氏に味方した。この新熊野社がいまの闘鶏《とうけい》神社であることはいうまでもない。

壇浦へ出陣した湛増は、二百余艘に二千余人の手兵をのせてくり出し、瀬戸内に覇をとなえる三島水軍の河野通信《みちのぶ》の百五十艘と合流した。河野通信はのちに承久の変で上皇方にくわわり、水無瀬《みなせ》の本営にて参謀格であったため、死罪におこなわれるはずであったのを、このときの戦功で死一等を減じ、奥州江刺郡に流された。その悲運の河野家に孫として生まれたのが一遍上人である。

壇浦合戦は源氏三千艘の大軍を擁し、平家の一千艘に対峙したのであるが、海戦に練達した熊野・河野の三百五十艘の去就は攻守そのところをかえしめたにちがいない。しかも熊野水軍の舟は若王子《にゃくおうじ》の御正体《みしょうたい》をのせ、金剛童子をえがいた旗を立てていたので、両軍ともに拝んだというから、士気におよぼす力は大きいものがあったろう。

熊野別当湛増の子が弁慶だという説は、お伽草子の『橋弁慶』からでている。弁慶は熊野権現の申し子で、懐胎三年で生まれた異常児なので山奥にすてられたが、虎狼と遊んで成長した。都の五条の新大納言が夢の告げで熊野詣の途中、山中で拾いそだてたのが弁慶になる。

ところが『義経記』では匿名の熊野別当「弁せう」の嫡子となっており、それもこの別当が六十一歳で二位大納言の娘十五歳なる姫君を、熊野詣の途中で奪って生ませた子、という架空で異常な設定になっている。この姫君は重病のとき熊野権現に立願してたすかったので、その願果《がんはた》しに百人の道者と熊野詣をして、「弁せう」に見染められたのである。したがって弁慶はすべてに異常で胎内に十八ヵ月おり、うまれたときは二、三歳の子供ぐらい髪はながく、前歯も奥歯も生えそろっていたという。別当これをきいて、

さては鬼神ごさんなれ、しやつ（彼奴）を置いては仏法の仇《あだ》となりなんず。水の底に柴漬《ふしづけ》にもし、深山に磔《はりつけ》にもせよ

と命ずる。そこでこれを山中にすてるところを別当の妹なる山井の三位の北の方が、この児を申しうけて法師にしたので、桁《けた》はずれの暴れ坊主ができあがる。

このような異常な英雄の誕生が山中に捨児となる説話は、熊野修験がこのんだ唱導の型で、九十九王子のなかの継桜《つぎざくら》王子もこれである。すなわち藤原秀衡《ひでひら》夫妻が熊野詣する途中で妻が産気づき、滝尻《たきじり》王子で出産したが、その子を山中にすてて熊野三山を

滝尻王子

めぐる話である。このような山中異常誕生譚を説経風に仕立てて、熊野山伏や熊野比丘尼の唱導にもちいたのが『熊野の本地』あるいは『熊野本地絵巻』で、いろいろの種類がある。弁慶伝説の原型としてこれをすこしかたっておこう。

大阪杭全《くまた》神社の『熊野本地絵巻』は絵の部分と詞書の部分を別々に継ぎあわせたので、話の進行とはまったく合わないものになっているが、物語の発端は印度まかた《（摩竭陀）》国の大王に世継《よつぎ》がないので、占師のことばで後宮に千人の后を召す。千人目の后が十三歳の五衰《ごすい》殿の女御《にょうご》で、大王は千人の后を一巡《いちじゅん》なりかねて六年目に五衰殿を訪う。この女御は容顔美麗なばかりでなく、心やさしい観音信者であったので大王の心をとらえ、一子を懐妊する。九百九十九人の后は嫉妬して、この王子誕生すれば父を殺すであろうと讒奏《ざんそう》するのが第三図である。

　それでも大王の心がうごかないので、九千九百九十人の男をやとい、鬼神化物に扮して女御の悪口を叫ばしめるのが第一図、第四図。ついに大王もその気になって妊娠中の五衰殿を輿にのせて山中に棄てさせ、

いまよりは　さぞ闇ならん　我が宿の
　契りし月は　さしも出でねば

と腰折れをよむのが第二図である。

山中では王子が誕生。女御は護送の武士に殺されたが、王子はその死骸の乳房をすい、虎狼にまもられて成長。ついに伯父の高僧にひろわれて王宮にかえる。ここで五衰殿も蘇生しめでたしめでたしであるが、王子は無常を感じ王位をすて、大王と女御にすすめて神国日本に飛来した。これが熊野の神とあらわれたもうたので、大王は本宮証誠殿《しょうじょうでん》、五衰殿は那智の結《むすび》宮両所権現、王子は若王子社であるという。九百九十九人の后も大王をしたって日本へ渡る途中、暴風で海底にしずみ、その霊が赤い虫となって熊野路の虎杖《いたどり》にとりついた。したがって熊野詣の途中で虎杖にさわってはならぬ、これをたべれば七日の穢である、というのだが、熊野街道は虎杖だらけで、これに触れぬのは至難のわざであろう。そして最後に、

熊野信仰の人は、かならず子をにくむべからず、此本地のはじめ、斯のごときのゆゑなり。よく〳〵是を礼し、日本第一両所権現若一王子と、三べんとのふべし。権現の御悦也。たもたん人は、今生能仏《のうぶつ》にならん事、うたがひなし、よく〳〵心得べしとなり

とむすび、まことに幼稚な唱導であるが、山中異常誕生譚の熊野唱導の型はよくあらわれている。

さて弁慶は義経とコンビになって英雄化するけれども、本質はまったくの悪僧であって、熊野山伏の悪い面を代表する。これを熊野別当の子とする発想も、熊野別当といえば悪僧の頭目とみられていたからにちがいない。実際に熊野別当はその上に三山検校《けんぎょう》に補任《ぶにん》された、三井寺園城寺長吏《みいでらおんじょうじちょうり》や聖護院《しょうごいん》宮をいただいてはいるが、熊野の政治・軍事・経済の実権をすべてにぎっていた。すなわち三山の神官、社僧、常住僧、衆徒、客僧、御師《おし》、本願から神人《じにん》、巫女、比丘尼までも支配し、地方在住の山伏も統轄した。したがってこれらはいつでも別当の命令で軍事力として動員しえた。

また熊野権現によせられた神領や庄園を管理したので、その富と権勢は国司領主を

しのぐといわれ、隠然たる熊野王国の専制君主であった。だから中央貴族も熊野別当と縁組することをのぞんだようで、湛増の父、湛快は源為義の娘を娶ったというから、頼朝、義経にとって湛増は従兄《いとこ》になる。また湛増の祖父、長快は左大臣師尹《もろただ》の子として『尊卑分脈』に載せられているが、これはうたがわしい。平家も湛増を懐柔するために多大の恩顧をあたえ、湛増の妹も平家の公達に嫁したので、頼朝挙兵のころは平家の味方として源氏の軍とたたかった。このことは熊野別当の複雑な政治的立場をしめしたもので、平治の乱にあたって清盛が熊野詣をしたのは、湛増の父、湛快を味方にするためといわれている。

熊野は元来良材を産することから、古代以来造船がさかんであり、『日本霊異記』の永興禅師の説話にも船をつくるために樹を伐ることがでる。『万葉集』でもしばしば「真熊野《まくまの》の小船《おぶね》」がよまれ、熊野船あるいは熊野諸手船《もろたぶね》がよく知られている。そのうえ交通も船にたよることが多いので、航海や水上戦闘に練達した水軍が発達したのは当然である。かれらはしばしば水軍をもって伊勢に攻めこみ、神領を犯したり、大挙して京都に群参したりするが、これは熊野悪僧とか紀国悪僧とか熊野大衆《だいしゅ》とかよばれている。これらの悪僧の上に君臨する熊野別当が、熊野詣の美女を奪いとるようなる「別当乱行」を『義経記』がとりあげ、その子に弁慶という悪僧が誕生したことにした理由がわかるであろう。

このような熊野別当と熊野大衆は熊野修験道教団を形成していたのであるが、ここに三山信仰の特異性があるといえる。すなわち三山信仰は神道でもなければ仏教でもない第三の宗教だったのである。しかも比叡山や高野山とはちがった教団組織をもち、妻帯世襲の半僧半俗の別当家にひきいられた山伏の黒衣武士団と、全国的な散在山伏の勧進組織から成っていたといえよう。すなわち別当は軍事的には武士団の棟梁であり、宗教的には熊野権現の名において山伏を統率する熊野修験道の管長であったわけである。しかも経済的には神領庄園を支配し、莫大な貴族の寄進施入物を収納するのであるから、ヨーロッパ中世の法王のように教権と俗権をあわせ持つ主権者であった。

熊野別当の成立はどうもはっきりしないのであるが、熊野三山の司祭神職が熊野修験道の成立とともに山伏化したものであろう。とくに新宮には宇井《うい》、鈴木、榎本の神職家があり、那智では米良《めら》、潮崎《しおさき》の神職家があったが、いずれも宇井円隆坊、鈴木大乗坊、榎本大円坊、米良実報院《じつぽう》、潮崎尊勝院《そんじよう》などの名で修験化している。『熊野別当代々次第』によると、第一代別当快慶は弘仁三年（八一二）補任《ぶにん》で榎本氏の出自となっているが、はたしてこの時代までさかのぼりうるかどうかはあきらかでない。しかし平安中期十一世紀はじめの第十代別当泰救《たいぐ》のころには事実上別当が存在したであろうが、これを天皇の補任による公的職制としたのは、第十五代別当長快、すなわち湛増の祖父のときである。

長快が別当として僧綱に補任されたのは白河上皇第一回の熊野御幸のときで、寛治四年（一〇九〇）のことである。ところが『平家物語』の「劔の巻」は別に有名なエピソードをつたえており、『熊野別当代々次第』とは別説になる。というのは実方《さねかた》中将五代の孫、教真が山伏となって熊野に籠っていたとき、白河上皇の熊野御幸があった。上皇が当山に別当があるかときいたので、神職の棟梁、鈴木氏がいまだ候わずとこたえ、ちょうどそのとき権現の宝前に花を供えていた山伏の教真を別当に推挙した。上皇はまた別当は世襲すべきものである、聖（独身）ではいけないといって、源為義《ためよし》の娘「立田腹の女房」というものを嫁せしめたというのである。この話はすでに世襲の熊野別当があるのに、別当がないとか、妻がないとかいうのからしておかしいのであって、時代も鳥羽法皇の久安年間（一一四五〜五一）としなければ、時代があわない。

このような別当補任の異説がうまれる原因は、熊野別当家がわれわれの想像をゆるさない秘密な面をもっており、その結婚と相続も近親婚的で母権制的なものがあったからではないかとおもう。源為義（六条廷尉）には男女四十六人の子女があったが、「立田腹の女房」というのは為義が熊野別当家の娘、「立田御前」または「立田の局」というものに生ませた女性であろう。教真がこれを娶って別当になったというのは、代々入婿が別当職になる傾向をしめしているようである。教真にあたる別当は十八代別当湛快よりほかにないのであるが、そうとすれば湛快と「立田腹の女房」は従兄妹か、伯父姪ぐらいの近親ではなかったかとおもわれる。

ともあれ「立田腹の女房」は湛快を入婿して二十一代別当湛増を生み、湛快の死後行範《ぎょうはん》を再入婿にして十九代別当とし、二十二代別当行快などを生む。そして『吾妻鏡』では「鳥居禅尼」とよばれるのは、行範が鳥居法眼《ほうげん》であったからで、湛快、行範、湛増、行快などの熊野別当最盛期の陰の女性であった。すなわち彼女は源氏の正嫡為義を父とし、熊野別当を祖父とし、夫とし、子とし、将軍頼朝や義経を甥に持ち、平家の公達、薩摩守忠度《ただのり》を娘婿とするなど、富と権勢がその周囲にうずまいていた。

当時都には後白河院政をうごかす法皇の愛妾「丹後の局」がおり、鎌倉には頼朝の女癖のわるい弱点をしめあげて幕政を左右した北条政子がおる。日本女性史の上でも鎌倉時代は女権の伸張した時代であるが、信濃前司《ぜんじ》行長《ゆきなが》以上の戯作者《げさくしゃ》がおったら、熊野と京都と鎌倉の三女傑鼎立をとりあげないはずはなかったであろう。

「立田腹の女房」は鳥居法眼行範が承安三年（一一七三）に没してから、鳥居禅尼とよばれて未亡人として五十年ほど生きながらえ、政子とおなじく承久の乱（一二二一）後まで生きていた。政子が承元元年（一二〇七）に熊野詣したのも彼女に会いに行ったようである。彼女の二男行忠《ぎょうちゅう》は承久の変に後鳥羽上皇方に味方して零落したが、禅尼は右大将（頼朝）の姨《おば》（叔母）だからといって承久四年（＝貞応元年、一二二二）四月二十七日に紀伊国佐野庄の地頭職《じとうしき》を安堵されている。また建久五年（一一九四）閏八月には但馬国多々良岐《たたらぎ》庄の地頭職も、熊野鳥居禅尼は頼朝の父義朝公の姉《あね》公《ぎみ》だからといって補任され、所々の女地頭だったのである。

　鳥居禅尼となってからは新宮の丹鶴山《たんかくさん》東仙寺におったようで、丹鶴山の山号も「鶴《たず》田原《たはら》（立田腹）の女房」の持仏鶴原《たずはら》薬師をまつったところからでている。丹鶴山は新宮方熊野別当館のあったところで熊野川から屹立した要害である。眺望もよく、河口にむかって阿須賀《あすか》神社の社叢や熊野灘をながめるのもよいが、上流に向かって熊野の山脈《やまなみ》に夕陽のしずむ風景がすばらしい。江戸時代には水野氏の丹鶴城となり、昭和にはいって国鉄のトンネルが横腹をぶちぬき、戦後は東仙寺旧址に観光旅館ができてしまった。「立田原の女房」の夢いまいずことというところだが、このあたりから、鎌倉

熊野川

時代のすぐれた経筒が発見されるのは、いにしえの夢をいまにつなぐ唯一のよすがであろう。

『平家物語』には熊野山伏の唱導がかなり多くとられているが、どうしたわけか別当家の内情については遠慮がちである。しかし『平家物語』や『吾妻鏡』の端々をあつめて、『平家物語』におちたエピソードを構成してみよう。

まず「劒の巻」には教真の子息五人を本宮、新宮、那智、若田、田辺の五ヵ所に分け、その中のもっとも長じたものが別当を継ぐべき遺言をしたところ、田辺の湛増が長じたので別当になったという。

湛増は別当館を田辺にもっていたけれども、頼朝挙兵のときは本宮を本拠として平家に味方したことは『平家物語』の「源氏揃《そろえ》」でほぼうたがいない。これにたいして新宮の別当家一族と那智の山伏は源氏に味方するのであるが、これは「立田腹の女房」の弟にあたる、為義の十男、新宮十郎義盛（のち行家と改名）が新宮におったからである。それではなぜ湛増だけが平家の味方をするのか。この謎を『吾妻鏡』元暦二年（一一八五）二月十九日の記事の分析からといてみよう。

まず本宮の湛増と新宮の行快、行忠などは母はおなじ「立田腹の女房」でも、父は異なるのであるから、その確執があるのはやむをえない。湛増はおそらく父湛快の死とともに自分をすてて再縁した母にすら反感をいだいたであろう。ところが湛増には一人の妹があって、これが新宮の行快と結婚する。これが「立田腹の女房」の娘であったら、この結婚は同母異父兄妹の近親婚になるから、母はちがうのであろう。しかし湛増は父（湛快）をおなじくするこの妹に親近感をもっている。まことに複雑な別当家の家族関係である。

この複雑さのためか、あるいは別当家の女子の奔放さのゆえか、この妹は子供まであるのに新宮の夫、行快をすてて別の男のところに走ってしまう。この男というのは文学青年で洗練された感覚をもちながら、男らしく腕力のある、しかも権力者清盛の弟という毛並のよい、理想的な平家の公達、薩摩守忠度であった。湛増はこの妹の恋には同情的であったとおもうが、妹はしばしば湛増とともに京都へ出て忠度と相知ったのであろう。元来忠度は熊野の生まれで『平家物語』の「忠度最後」では、

薩摩守は聞ゆる熊野そだち、はやわざの大力《だいぢから》にておはしければ

と書かれているから幼友達でもあったのかもしれない。忠度の生地は熊野の音川といわれるが、母は鳥羽上皇の仙洞に宮仕えしていた熊野生まれの女房で、忠盛が仙洞に伺候したとき歌の贈答で共鳴して忠度を生んだロマンスが、『平家物語』の「鱸《すずき》の巻」にかたられている。

ところで湛増の妹は忠度の許《もと》にはしるについて、庄園を持参金代りにもっていった。これが熊野山領三河国竹谷、蒲形の両庄であるが、三山の神領を持参金代りにもってゆくあたり、いかに別当家が神領を私物化していたかをしめす良い例である。このような経緯で湛増は妹とともに平家にちかづき、田辺や高野山とともに京都にも別邸をもっていたらしい。

高野山の邸は大治五年（一一三〇）に花蔵院《けぞういん》宮聖恵法親王の高野登山のために、往生院内に湛増が建てたもので、不断念仏のたびごとに登山して使っていたが、安元元

年（一一七五）に仏種房心覚に譲って往生院のものとなった。これは湛増が高野山領紀州南部《みなべ》庄の下司《げす》職《じき》をもっていたからであるが、南部庄が高野山へ施入される前の、五辻斎院《いつつじさいいん》領だったときも南部庄別当として、つねに斎院や鳥羽殿へ出仕するため出京することが多かった。南部庄の高野山施入については、私の『高野聖』でのべたように清盛と西行の尽力にくわえて湛増も関係している。そのために源氏挙兵には、

　那智新宮の物共は、さだめて源氏の方人《かたうど》をぞせんずらん。湛増は平家の御恩を天《あめ》やま《（山）》とかうむつたれば、いかでか背《そむき》たてまつるべき。那智新宮の物共に矢一《ひとつ》いかけて、平家へ子細を申さん

とわが母や弟のおる新宮へ攻めこむが、新宮の鳥井法眼（鳥居法眼行範《ぎょうはん》でなく、行快《ぎょうかい》であろう）、高坊《たかぼう》法眼、宇井、鈴木、水屋、亀甲《かめのこう》などの侍と、那智の執行《しゅぎょう》法眼の連合軍にやぶられて、本宮へにげかえるのである。

しかし寿永三年（一一八四）には妹の夫、薩摩守忠度は一の谷の合戦で岡部六弥太に討たれ、平家の敗色もまた濃くなったので、闘鶏の神占《かみうら》にことよせて源氏の味方に変心した。忠度戦死後の湛増の妹は熊野へかえったが、持参した三河国竹谷、蒲形の

両庄は平家没官領《もつかん》として頼朝の手に帰した。そこで新宮の行快は湛増の妹とのあいだにもうけた子息の所領として返還してほしいと、屋嶋の戦のすんだ寿永四年二月に、頼朝に使者をおくったのが、『吾妻鏡』元暦二年二月十九日の記事である。頼朝も「立田腹の女房」の顔をたてて、希望のごとく所領を新宮の行快に返還し、これは源家の誼《よしみ》とともに敬神のためであるとことわっている。

この源平争乱における熊野別当家の経緯をみると、『平家物語』にもれた愛憎の人生模様が辺境熊野にも織りなされており、謎につつまれた別当家の内側をちょっとでものぞいた感がある。ところでこの熊野別当の上に三山検校《けんぎょう》なるものがおかれたということは、どのような意味があるのであろうか。

すでにしばしばのべたように熊野には平安中期には特殊な修験道教団が成立し、その組織者および信仰管理者として熊野別当が成立した。平安末期から中世にかけて熊野が宗教界に君臨するのは、三山の神徳といわんよりは熊野別当の組織力と、その勧進活動を通して活発化した宣伝力のためといってよい。しかし上皇や摂関のような都の貴族を熊野にむかえるには、むくつけき田舎者の、自然発生的修験道集団では処理できなくなってくる。そこで正統的な密教を採用して法会、修法をととのえるとともに、中央の文化を導入する必要がおこった。これが白河上皇第一回の熊野御幸にあたって、先達をつとめた大納言経輔の息で大僧正になった増誉が三山検校に補せられた意味である。

またこのとき同時に別当長快が公式の別当職に補任され、妻帯もみとめられたのは、宗教上の教権を三山検校にゆずり、政治・経済上の俗権を熊野別当が確保したことになる。しかし三山検校は熊野におるわけではなく、ただアクセサリーにすぎなかったから、教権も実質的には別当のものだったのである。

三山検校は増誉をはじめとして貴族出身の天台僧、とくに園城寺関係者が多かったのは、原始的熊野修験道が法華持経者によってひらかれ、天台宗に親近感をもつとともに、園城寺も開祖智証大師以来密教をおもんじて、山岳修行をするものが多かったからである。『日本霊異記』には熊野の永興のもとで法華経修行した持経者が出るし、『本朝法華験記』にも焼身捨身した応照をはじめ、義叡、壱叡、雲浄、蓮長、長円などが熊野で法華経読誦の苦行をする。『保元物語』にも鳥羽法皇の熊野御幸で、本宮証誠殿に古老の山臥《やまぶし》八十余人をあつめて、法華妙典を読誦させることがみえる。

とくに本宮には三昧僧の一階級があって法華三昧を不断におこなっているのが特色である。したがって増誉のあとには、参議源基平の息で修験のきこえ高かった園城寺の行尊《ぎょうそん》大僧正が三山検校となり、ついで覚宗、覚讃、実慶など貴族出身の園城寺の僧正があとをおそった。鎌倉時代の中ごろから天台系の法親王がこの職に補せられ、やがて聖護院門跡がこれを独占するようになる。

しかし一方では地方散在の熊野山伏の組織化も目立つのであって、熊野を中心に山岳修行をつんだ山伏は、客僧とか先達とよばれ毎年地方の道者を引率して熊野詣をするのである。「これは熊野へ通ふ山伏にて候」という山伏は謡曲にも数多く出る。かれらは熊野三山の門前や熊野街道の道中に宿坊を定め、これと特別の関係をむすんだ。謡曲『道成寺』の熊野山伏が毎年とまる宿坊の娘と結婚の約束をし、その不履行で追いかけられる事態も当然おこるわけである。

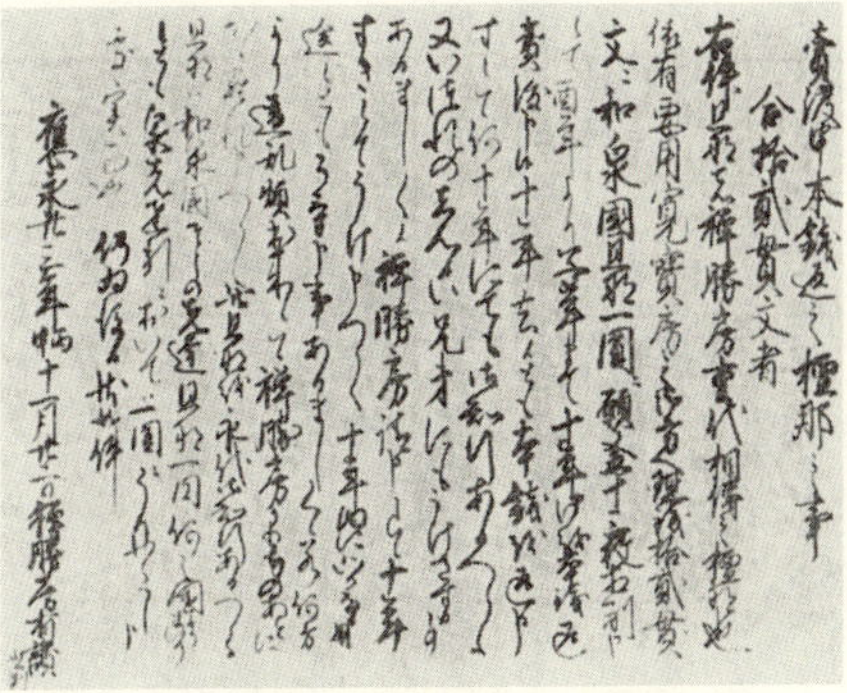
檀那売券（熊野那智大社蔵）

熊野の宿坊は御師《おし》とよばれ、先達からひきついだ道者を宿泊させるばかりでなく、三山の社壇に案内して祈禱の導師となる。それで道者はこの御師と檀那《だんな》の契約をむすぶのであるが、この契約書を、「願文」という。ところがこの願文をおさめた檀那は、代々にわたってこの師檀関係を変更できない慣習ができてしまったので、一つの株として経済的権利化し、やがて御師同士で売買された。ありがたがって詣る道者こそいい面の皮だが、この檀那売買の制度は伊勢の御師にも高野山宿坊にもあって、中世社寺の信仰圏組織化の制度として注目されている。

社寺の信仰が全国的な拡大をみるためには、ただ「ありがたやありがたや」だけでは駄目で、がめついようだが、地方散在の先達や聖《ひじり》を末端とする経済的組織化が必要だったのである。御師《おし》同士の檀那売買の証文は檀那売券とよばれて、那智神社には七巻七百五十一通がのこっている。その第一号は永仁五年（一二九七）で、このころから御師の乱立のため道者の争奪がはげしくなったのであろう。売買値段は一族の場合や、一郡の場合、一国の場合でちがうが、一貫文から五十貫文までの相違があり、奥州一円と大和国一円でも六十貫文であった。

このほか熊野詣の先達が一族のあいだをまわって奉加《ほうが》をつのり、その奉加銭と奉加帳を奉納した場合もある。新宮の速玉大社にのこる奉加帳の平氏はおそらく鎌倉の武士団一族で、熊野社信仰が同族集団の武運長久をいのるものの多かったことをしめしている。その結果熊野社を氏神として勧請《かんじょう》し、その武士団が解体したり滅亡したりしたのちは、村落の鎮守神として奉斎されている場合がすくなくない。このような熊野社には神体として三山の本地仏を懸仏《かけぼとけ》としてまつり、これを御正体《みしようたい》という。はやいものでは福島県の宇迦神社の千手観音懸仏のように、平安後期のものもあるが、鎌倉以後のものが多い。

泉大津市細見氏蔵の二面（重要文化財）はその代表的な遺品である。熊野十二所権現御正体は本宮か新宮の本地仏であるが、十三尊は十二所権現に那智地主神の飛滝《ひろう》権現をくわえているので、那智の本地仏である。もう一面あって三山をまつってあったはずであるが、どこの熊野社から流出したのかあきらかでない。これにたいして三山を阿弥陀、薬師、千手観音の三尊であらわす御正体もあり、その古い代表的なものは三河の鳳来町巣山の熊野社にある。鎌倉中期以前の作で、木彫半肉彫の懸仏というめずらしい優作であるが、現地には阿弥陀と千手だけしかない。しかし幸いにこれと一具の薬師懸仏は奈良の河瀬氏蔵にあることが確認されている。

また地方の熊野社に奉斎されて礼拝の対象になり、ある場合は絵解きにももちいられたものに熊野曼荼羅がある。聖護院には二幅あるが、熊野山伏が「峯入り」の修行をする、熊野から吉野にいたる大峯連山を、すぐれた風景画にえがき、その間の峯々に本地仏を立たせたのが、山伏の中世的幻想をあらわして面白い。青岸渡寺本も上部に大峯連山をあらわしている。このような熊野曼荼羅のなかで檀王法林寺の熊野影向《ようごう》図は特殊なもので、熊野を本宮の阿弥陀如来で代表させ、来迎図形式をとった中世垂《すい》迹《じゃく》画のうちでも指折りの名品である。

これには一つの説話がつたえられており、この画を一層有名なものにしている。昔奥州名取郡に一老女があり、熊野へ四十八度の参詣を立願した。四十七度は果たしたが、すでに七十歳になったのでこれを断念し、名取郡に熊野三山を勧請して日々参詣していた。しかしどうしても今一度の参詣をとおそらく海上からとおもうが、一族四人につれられて那智の浜の宮まできたとき、連山の上に紫雲が立ちのぼり、本宮の阿弥陀如来があらわれた。阿弥陀如来は七十歳の足では三山をめぐることはできまいと影向したのであろうが、老女はこれで四十八度の立願を果たしたというのである。

熊野御幸

熊野へまうで給ひけるに　花のさかりなりけるを御覧じて
白河院御製

咲にほふ　花のけしきを　見るからに
神のこゝろぞ　空にしらるゝ

――『新古今和歌集』――

熊野詣といえば院政期の上皇方の熊野御幸《ごこう》がすぐおもいだされる。私は庶民の熊野詣のよろこびとかなしみをさぐってみたかったのであるが、やはりその庶民の代表としての上皇方の、熊野御幸を除くわけにはゆかない。そのうえ、熊野路のもろもろの出来事は、庶民の記録はすくないけれども、上皇方にはすくなからず御幸記や、供奉《ぐぶ》の公卿の日記や歌がのこされている。

日本という国はさいわいなことに、信仰という点では上《うえ》つ方《がた》も下々《しもじも》もあまり本質的な差はなかったようである。それは天皇が下居《おりい》の帝《みかど》として仙洞におはいりになると差がいっそうちぢまる。したがってわれわれは熊野詣の実態を、御幸記を通してみることによって、庶民の熊野詣を類推することもできるであろう。また熊野文化をかたるには、貴紳の熊野詣によってもたらされた中央文化を無視することはできない。

ただ私は熊野詣といえば御幸の数だけをとりあげ、熊野文化といえば貴族ののこした遺物だけをかたることには、我慢がならない。むかしも今も熊野は庶民のためにあるのだし、庶民の涙と汗が熊野街道にはしみこんでいる。おそらく貴紳の熊野詣も、庶民の熊野詣の流行に刺激されておこったのだとおもう。

貴族の石山詣や長谷詣のような物詣《ものもうで》も、やはり「民のすなる」物詣をまねたようで、そこでは貴賤のへだてなく通夜参籠し、清少納言のように、庶民の「よろしき男の、いと忍びやかに額《ぬか》などつく」のを観察するたのしみもあったようである。貴族は平素の不健康な暖衣飽食から解放されて、「蓑しべ長者」になったものぐさ男のように、健康で屈託のない庶民の物詣にまじろうとしたのである。

古代においては遊行《ゆぎょう》の優婆塞・聖か特定の任務をもった人々だけが旅行したのに、平安中期には庶民の物詣がさかんになってくる。花山法皇の西国三十三観音霊場巡礼は伝説であるとしても、白河上皇の熊野御幸までの一世紀には、大峯と熊野は霊験所として庶民の注目をあびていた。『枕草子』が「まして験者《げんざ》などの方はいと苦しげなり。御嶽《みたけ》、熊野、か〻らぬ山なくありくほどに、」とのべた験者が、熊野の霊験をといてまわり、庶民の熊野へのあこがれをそそった。

それもはじめはプロフェッショナルな修験者が御嶽（吉野・大峯）から熊野へ、または熊野から御嶽への入峯《にゅうぶ》修行をしていたあいだは、これを金剛界・胎蔵界の大日如来の浄土とといていたのにたいして、平安末期には熊野は総じていえば、阿弥陀の浄土と信じられるようになった。これは熊野を庶民にちかづきやすいものにした第一条件であろう。おなじころ、高野山も弥勒《みろく》の浄土から弥陀の浄土へ転換して庶民をひきつけるようになる。そして熊野ほどではないにしても、道長、頼通などの摂関の登拝から白河、鳥羽両上皇の御幸となる。

ともあれ法然、親鸞の専修念仏以前の浄土信仰は、浄土にいたるためのむずかしい条件があった。それは「滅罪」ということで、自分のおかした罪と穢をすべてほろぼして、清らかにならなければ、往生できないものと信じていたのである。したがって熊野詣には前行《ぜんぎょう》として熊野精進屋《しょうじんや》にこもって、まず罪と穢をほろぼさなければならなかった。これは御嶽へのぼるのに、厳重な御嶽精進《みたけそうじ》をおこなわなければならなかったのとおなじである。

われわれは庶民の浄土信仰のこの論理を理解することなしに、熊野御幸の全過程を理解することはできないのである。従来の日本仏教史は庶民の浄土信仰における滅罪の論理をといていないために、もろもろの庶民信仰の歴史的諸現象を解釈できないでいるが、当面の熊野詣と精進の関係も、この論理から理解するほかはない。しかし滅罪の論理は仏教からうえたのではなくて、日本の民族宗教に根ざした、罪穢《つみけがれ》と禊祓《みそぎはらい》の固有信仰からきている。それは大峯や熊野のような山岳宗教にはうってつけの論理であった。

また日本の民族宗教には「擬死再生」の論理があって、山の他界は、そこで一旦死んで生まれかわってくるところであった。熊野精進屋できびしい前行をして、また熊野路の九十九王子で王子ごとに禊祓して「死者の国」にはいり、熊野証誠殿の阿弥陀如来の前で、往生決定《けつじょう》の身として生まれかわり、再生する。そうすると来世にはかならず往生できるとともに、今生では健康で幸福な余生が約束される。したがって熊野詣の浄衣は死装束であり、途中の嶮難な山路は「死出の山路」であったわけである。

このような庶民の熊野詣における滅罪の論理で、熊野御幸はまず熊野精進屋への入御からはじまる。院政期には多く鳥羽殿でおこなわれたが、七日のあいだ厳重な物忌と解除《はらえ》と御経供養があった。物忌の内容は葱《ねぎ》、韮《にら》、蒜《にんにく》と鹿、猪、鳥、兎などの葷腥《なまぐさ》を断ち、産穢、死穢、月水などを遠ざけ、堂舎参詣のもの、とくに骨堂に参詣したものは近づくのをはばかった。礼拝のことはないが、庶民の御嶽精進などでは禊の水行《すいぎょう》（垢離《こり》）と額突《ぬかつき》があるから、貴族にもあったことであろう。額突は五体投地のように、立っては跪《ひざまず》いて額《ひたい》を床にうちつける礼拝をくりかえす苦行である。

熊野御幸のもっとも詳細な記録は藤原定家の『後鳥羽院熊野御幸記』で、建仁元年（一二〇一）に後鳥羽上皇の第四度目の御幸にお供した定家の日記である。このときは九月三十日に精進始めがあり、六日目の十月五日の進発であった。供奉の公卿の筆頭は村上源氏の内大臣源通親《みちちか》で、時の今上、土御門天皇の外祖父であり、後鳥羽院政の実力者であった。

鎌倉では前々年に頼朝が薨じ、京都の親幕府勢力は一掃せられ、頼家はまだ征夷大将軍に補任されないので、院政政権は鎌倉を圧倒していたときだったから、この御幸はもっともはなやかなものとなった。すなわち公卿殿上人二十人、上北面全部のほかに下北面の精鋭も、これに供奉した。定家はまだ近衛権少将で、つねに一行に先駆して船や昼養《ひるやしない》（昼食）所や宿所を調達設営する役であった。したがってよほど多忙だったらしく、この一代の文人も筆硯をもたず、また本宮近くまで「思ふところありて、いまだ一事も書せず」などとしるしている。それでもこの供奉には感激して、この供奉は世々の善縁なり、奉公の中に宿運の然らしむるところ、感涙禁じがたし。（中略）面目は身に過ぎ、かへりて恐れ多し、人定めて吹毛の心あるか

とまでのべているのをみると、よほど光栄であったらしい。

五日早暁、一行は院庁《いんのちょう》職員の見送りをうけ、人形《ひとがた》の御禊ののち、鳥羽の精進屋を徹して乗船、まず石清水八幡に奉幣、御経供養する。昼食後ふたたび乗船して淀川をくだり、旧淀川筋の天満橋付近で上陸、まず第一王子窪津《くぼつ》王子に奉幣、経供養して天王寺へはいる。途中坂口王子、郡戸《こうと》王子などがあるが、一行は夜にはいって天王寺で経供養して宿泊、歌会がある。しかし定家は先駆して讃良庄《さららのしょう》に宿る。

六日は払暁よほどはやくたったとみえて、阿倍野王子と住吉大社に詣でても夜は明けなかった。しかし上皇の一行は九時ごろ到着し奉幣、経供養、里神楽、相撲などがある。しかも悠々と昨夜の歌会の披講をし、上皇はここから馬に乗られる。いまの堺市の境王子に奉幣し御禊があるが、この旧址は「鬼ケ上」といい、いま墓地の叢だけのこっている。堺市鳳《おおとり》の大鳥居新王子、信太《しのだ》の森の篠田王子、伯太の平松王子をへて平松の新造御所に入御される。このあたりふるい家並のあいだに小栗街道がほそぼそとのこり、小栗判官笠懸松の伝説地も、個人の庭のなかにある。

平松新造御所は和泉国司の負担でつくられたが、供奉人の宿舎はまことに粗末なものであった。これは九条家領大泉庄、八条女院領宇多庄が雑事《ぞうじ》を無沙汰したためで、定家は三間の小屋で板敷がないため土間に寝た。十月の風はさむく板屋のすきまから冴えた月光がもれていた。しかしさすがに定家らしく、

三間の萱葺屋　風冷く月明らかなり

と詩情にまぎらしてしまった。上皇も「初冬霜」と題して一首をものされた。

ふゆや来たる　夢はむすばぬ　狭衣に
かさねてうすき　白妙の袖
霜心已以髣髴　卒爾間力不レ及

七日の朝も松明《たいまつ》をかざして一行に先んじて出発、泉大津の井口王子、岸和田の池田王子、貝塚の浅宇（麻生）河王子、鞍持王子、胡木《こぎ》（近木）新王子、泉佐野の鶴原王子、佐野王子、籾井王子まで、定家はあるときは騎馬で、あるときは徒歩で先行し、

御幸奉幣の準備をするいそがしさである。籾井王子は五体王子の一で里神楽と乱舞、白拍子をくわえた二人舞、相撲があったが、いまは王子の地名のみで址はなく、小栗街道も新興住宅で不明に帰している。以上の各王子はほとんど址地もさだかでなく、あっても畑の中の叢だけである。

一行はこの日は泉南町大苗代《おのしろ》に址のある厩戸王子の信達《しんだち》宿に宿営したが、この宿はこれから紀泉の境、雄ノ山峠にかかるため、いつの御幸にも宿所になったようである。後白河上皇の『梁塵秘抄口伝集』には、上皇の永暦元年（一一六〇）の御幸に厩戸の宿で先達が夢を見て、次の長岡王子が今様歌をききたいといったので、夜中にここをたった話をのせている。

八日は信達の厩戸御所を払暁に出て信達一之瀬王子、馬目《うまのめ》王子、中山王子から雄ノ山峠をこえて紀州にはいり、山口王子、川辺王子、中村王子から紀の川をわたる。わたれば吐前《はんざき》王子で定家はいそぎ紀の川畔に御禊所《ごけいしょ》をもうけなければならなかった。というのは熊野御幸にはかならずここから日前国懸《ひのくまくにかかす》宮に奉幣遥拝する例になっていたからである。ここで定家は御幣使となって神馬二疋と御幣をもって日前宮へむかい、一行は藤代へいそぐ。定家は奉幣を終えてそのあとを追うと矢田峠の満願寺僧に、御幣使はかならずこの寺に立寄ることになっていますよと呼び込まれた。仕方なしにお布施を包んで出すと、布施が少ないといわれて定家は腹をたて、寺僧が御祈禱にかかるのをすっぽかして寺をにげ出す。このように御幸にたかって布施を強要する寺もあったようだ。

藤代までは和佐《わさ》王子、平緒《ひらお》王子、奈久智《なくち》王子、松坂王子、松代王子、菩提房王子、祓戸《はらいど》王子がある。いずれも畑や道端に址地と称するものがあるが、松坂王子址は庚申塚であり、菩提房王子址は石地蔵がある。ことによると満願寺ももと王子だったので、御幣使が立寄ることになっていたのかもしれず、庚申塚や石地蔵は王子の性質をかんがえるうえから面白い。定家は松代王子で盲女が胸に子を抱いているのを見て、「有盲女懐子」と横に小書きしている。彼はあとでこの備忘の日記を書くときまで、この盲女がわすれられなかったのである。彼女も熊野に詣でて開眼をいのる途中だったのであろうが、幼児を胸に抱いていたのがあわれである。

藤代は京都からきてはじめて大海原を眼下にみる雄大なながめで宿所がもうけられ、潮垢離をとるところである。五体王子の一として、熊野別当の一族の鈴木氏がこれを管理したので、鈴木屋敷ものこっている。ここでは御経供養や歌会や相撲や芸能がおこなわれたから、白拍子が御宿所におしかけていた。しかし定家は前夜おそくなって藤代の手前三町の小宅に「窮屈平臥」してとまったので、藤代王子へ行ったときは白拍子舞に雑人《ぞうにん》の見物がむらがっていた。それで上皇の宿所へは行かずにすぐ藤代峠の方へのぼった。旧道は胸突八丁でけわしいが、途中のながめはすばらしい。定家も、

道崔嵬《さいかい》、殆んど恐れ有り。又遼かなる海を眺望するは、興なきにあらず

とのべている。峠をのぼったところに塔下《とうげ》王子址があり、また地蔵峰《じぞうぶ》寺がある。ここの石地蔵は日本最大というが、これもかつての熊野詣はなやかなりしころのモニュメントであろう。ここからは和歌の浦と海峡をへだてて四国淡路の山影がのぞまれ、御幸のたびに御休所がもうけられたのももっともである。

旧道はここからあるかなきかの細径をくだる。熊野路にはここのように石地蔵が苔むして草にうもれたものが多く、行倒れたもののために建てたらしいのも見られる。峠を下ると橘本王子址が阿弥陀寺の庭にある。やがて野老《ところ》（所）坂《ざか》王子、一壺《いちのつぼ》王子をへて、また蕪坂《かぶらさか》峠にかかる。この峠の頂上の蕪坂塔下《とうげ》王子から山口王子にくだり、せつかく平地におりたとおもうとまた糸我《いとが》王子から糸我峠へのぼる。この峠は短くて下ると逆川《さかさがわ》王子である。そこからまもなく湯浅の宿にはいる。

定家は九日の宿をここでとることになるが、国司設営割りあての仮屋《かりや》を敬遠して民宿をさがすことにする。まず従者がきき込んできた家へはいったところが、そこは「憚《はばか》りある」家であったので飛び出す。先達にきくと父の喪にあって七十日ぐらいなら憚らなくともよいでしょう、というが、喪のけがれはおもいから、このまま参れば熊野詣の禁忌をおかすことになる。それで臨時の水垢離をとったが、またおもうところあって潮垢離もかいた。そして上皇の宿所から三、四町はなれた小宅をさがして民宿した。夜にはいって雨がふりだしたが、歌会があるというので、折烏帽子を立烏帽子に着かえて御宿所へ参上する。定家は御側ちかく召しよせられて、歌会の講師《こうじ》をした。定家この年四十歳で文学にも脂ののったころである。題は「深山紅葉」と「海辺冬月」であった。

ところで熊野詣の宿所でもよおされた歌会の歌は、懐紙に書かれて熊野懐紙といい、上皇の宸筆や著名な公卿のものがあるので珍重される。貴族は熊野路ではじめて雄大な自然に接し、のびのびとした詩情と信仰と羈旅《きりょ》のくるしみをうたいあげる。狭い宿所で怱卒《そうそつ》の間にしたためるので、筆も渋滞がない。ところがこのとき湯浅宿所での歌会の後鳥羽院宸筆の熊野懐紙は、定家の御幸記とくいちがいがある。というのは、定家が湯浅宿所で右馬頭《うまのかみ》家長が出題したという「深山紅葉」と「海辺冬月」を藤代王子和歌会としるし、「建仁元年十月九日当座」と湯浅宿所の日付がしてある。

詠二首倭謌

深山紅葉

うばたまの　よるのにしきを　たつたひめ

たれみやまぎと　一人そめけむ

海辺冬月

うらさむく　やそしまかけて　よるなみを

ふきあげの月に　まつかせぞふく

このような食い違いは定家のおもい違いとはおもえないので、帰洛後に書いたものもあるのではないかとおもわせる。

十日は夜来の雨があがってすがすがしい初冬の山路をゆく。久米崎王子では、ほどなく王子がありますという先達の話だったが、路が遠いので路傍の樹にむかって拝したというから、ずいぶん路からはなれた王子もあったのである。

井関（津兼）王子、ツノセ（河瀬）王子をへて鹿ケ瀬峠にかかる。馬留《うまどめ》王子から馬もかよわぬ嶮岨になる。定家は「崔嵬嶮岨、巌石昨日に異らず」となげいたが、沓掛王子から内ノ畑王子までくると、公卿も従者もいっせいに木の枝を伐って槌をつくり、榊の枝に付けて王子に持参して結びつけるのを、興味をもって書いている。したがってこの王子を「槌の王子」ともいうのであるが、定家が何故かときくと先達は槌は金剛童子の意だとおしえたらしい。このような王子王子の位置や拝し方はすべて先達が指示したものであろう。王子に結びつけたというのは、社殿というより樹叢とかんがえた方がよい。

王子は社殿をもつものばかりでなく、樹叢そのものを王子としたものが多い。『一遍聖絵』も「藤代、岩代の叢祠」と書いている、王子の解釈は神道説では熊野三山共通の祭神、伊弉諾、伊弉冉二神の御子神だからと天照大神とする。これは王子の樹叢信仰、杜《もり》信仰からいっても、まことに不敬ないわれなき説といわねばならぬ。紀州は古墓を「モリさん」とよぶので知られている。王子は他の神社でいえば若宮であるが、現代の宗教史と民俗学の常識では、若宮信仰は御霊《ごりよう》信仰に一致している。それは、たたりやすい荒魂《あらみたま》であるとされるのは、死霊のおそれを昇華しきらないからである。王子社の奉幣と御経供養あるいは芸能と相撲はすべて荒魂の鎮魂儀礼だったのである。

槌も代表的な鎮魂の咒具《じゆぐ》で、修正会の鎮魂に咒師《しゆし》が鬼の面をかぶって槌をふりまわして、悪魔払いをする。いまでも死人が二人つづいたりすると、棺に槌を入れて葬り、石地蔵に槌をあげる地方もある。左義長《さぎちよう》にブリブリ毬杖《ぎつちよう》といって槌をころがしたり、十月の亥の子に槌をひいてあるくのも、これが鎮魂の咒具だからである。

「槌の王子」はこうした鎮魂儀礼をのこした王子として定家ならずとも興味がある。元来九十九王子は修験道のある山では、拝所とか秘所とか宿《しゆく》とかいうものにあたり、大峯は七十五靡《なびき》といい、葛城《かつらぎ》は二十八宿という。その所在は先達のみが知るものとされて、深秘《じんぴ》の拝し方がある。九十九王子についても私は大部分が樹叢信仰、杜《もり》信仰であることをたしかめ、その起源は山の神や田の神や藪神、あるいは古墳、古墓であって、日本人のふるい民俗信仰が息づいていたものとかんがえている。

槌の王子から聖護院宮領と民部卿領である高家《たいえ》の高家（内原）王子から田藤次《でんどうじ》（善童子）王子、愛徳山王子、クリマ（九海士《くあま》）王子で日高川をわたって、小松原に国司の沙汰人が宿所を設営する。仮屋の奪い合いがはじまり、定家が名札をつけた小宅も、内大臣の家人が権勢をかさに着て大威張りではいりこんでしまう。さすがの文人定家も「人の涯分によつて偏頗するか」と大いにレジスタンスをこころみたが、とてもかなわないので次の王子の岩内《いわうち》王子まで足をのばして、そのあたりの重輔庄の小家

切目崎

に宿をもとめた。この一行に都からの飛脚がたえず追いつくとみえて、定家も留守宅からの便りをここでうけとる。熊野本宮からは出迎えの覚了房阿闍梨がここに待っていて、明日からの案内にあたることになる。この夜はひどくむし暑く、蝿が多いのは南国のせいだろうかと定家はおもう。

十一日は熊野路随一の海景をほこる海浜の道である。塩屋王子、上野王子、津井（叶《かのう》）王子、イカルガ（斑鳩）王子をすぎて五体王子の一、切目王子につく。代表的な海岸の王子で、すぐれた熊野懐紙がのこされたので有名である。この夜も国司が徴発した海士《あま》のなまぐさい平屋で歌会があった。

十二日は切目中山王子の峠をこえてふたたび美しい海ぞいの路である。このあたり王子址は紀勢線の車窓からも、あるいは祠が、あるいは社殿、社叢がよく見える。その美景をかたる紙幅がないのは遺憾であるが、下車してそこを訪う人は、定

八上王子に詣でる西行（『西行物語絵巻』）

家のみならず熊野詣の貴賤貧富がひとしく感嘆した風光を満喫できるだろう。岩代王子では定家一行はお伴の番匠（大工）をよんで社殿の羽目板に鉋をかけさせて御幸の人名を全部書きつけた。これは毎度の御幸の先例であるという。千里王子は小憩する御所があったが、海に突出た小松原を海風が吹きぬけて、もっとも美しい王子である。西行はここで海士の苫屋にとまったのもなるほどとおもう。三鍋《みなべ》王子は南部《みなべ》の町の中にあり、芳養《はや》王子をへて出立《でだち》王子で田辺御所にはいる。

十三日はいよいよ中辺路の難路であるが、旧道は下万呂《まろ》を通る富田《とんだ》川（旧岩田川）ぞいでなく、直接山にはいって潮見《しおみ》峠をこえて滝尻《たきじり》王子で富田川へ出たのである。次の旧道は万呂王子、ミスズ（三栖《みす》）王子、八上《やがみ》王子、稲葉《いなば》根《ね》王子（准五体王子）、市瀬《いちのせ》（一瀬）王子、鮎川王子をへて滝尻王子に出るもので、定家のころはこれを徒歩で通った。西行もこれを通り八上王子にもうでた光景が『西行物語絵巻』にうつくしくえがかれている。江戸時代にはまた中三栖、馬《ま》我野《がの》を通って潮見峠に出、また栗栖《くりす》川を通ったのである。いずれも五体王子である滝尻王子で宿泊し、富田川で禊して、嶮岨な桟道にかかることになる。ここにも歌会があり熊野懐紙がのこる。定家はのびてしまってここから十二人の力者《りきしゃ》法師の舁《かつ》ぐ輿にのった。

十四日は大門王子、重點《じゅうてん》（十丈《じゅうじょう》）王子、大阪本王子と峯にのぼり谷に下りして近《ちか》露《つゆ》の宿へ出、また山道を比曽原《ひそはら》王子、継桜《つぎざくら》王子、中川《なかのがわ》王子とたどりつつ小広《こびろ》王子から、最難所の岩上《いわがみ》（神）峠を夜道かけてのぼった。岩上王子をへて夜中に湯河宿所にはいったというが、いまはこのあたりは廃村となって、木や蔓ののびるにまかせた旧道があるだけである。旧道は三《み》越《こし》峠を越えて道ノ川から音無《おとなし》川の源流にはいる。定家の一行はこの音無川を徒渉しつつ下って船玉神

発心門王子

社あたりで山腹をたどり、猪鼻《いのはな》王子へ出た。

それから五町ほどのぼると五体王子の発心門《ほっしんもん》王子である。発心門は聖域にはいる入口であって、大峯吉野側は吉野の町中に巨大な青銅製の発心門がある。熊野の発心門はいま跡だけで、王子も旧址をしめす石碑があるにすぎない。熊野詣はここで一泊して禊するが、定家はここで尼の南無房《なむぼう》の宅にとめてもらった。この旧址は王子樹叢の背後の平地で、定家がはじめて筆をとって南無房の門柱に詩を書いたところである。

慧日光前懺㆓罪根㆒　大悲道上発心門
南山月下結縁力　西刹《せいせつ》雲中弔㆓旅魂㆒

熊野詣の途中では堂社に歌や詩を落書《らくしよ》することがあったと見え、定家はまた南無房のお堂に一首かきつけたが、あとできくとこの尼は落書を制止する人だというので恐縮している。

十六日はいよいよ本宮入りする日である。定家一行のにぎにぎしく進んだ発心門の村はいままことにさびしく、水飲（呑）王子址はここの小学校庭の片隅にわすれられている。これから高台に出て和泉式部供養塔をすぎて、伏拝《ふしおがみ》王子址に立てば、はるかに熊野川の広々した河原を見はるかして、その中の本宮旧社地の大樹叢を指さすことができる。これこそ定家一行が「山川千里をすぎて」という辛酸をなめて目ざしてきた西刹の浄土であった。

道者はここから証誠殿を伏し拝んで、最後の王子、祓戸王子で禊祓をした。祓戸王子の樹叢はよく保存されており、墓地と隣り合わせで社殿などのあった形跡はなく、小さな石祠があるだけである。ついに本宮宝前に奉拝しえた定家は感涙禁じえなかったが、上皇入御をむかえる多くの任務がまっていた。その夜途中の無理がたたって咳病、腹痛、えん痛など競いおこり、前途遂げがたくおもわれたけれども、歌会への上皇のお召しをことわることができなかった。

第三章

音無川

紀伊の国は　音無《おとなし》川の水上《みなかみ》に
　立たせたまふは　船玉山《せんぎょくさん》
　船玉《ふなだま》十二所大明神
さて東国にいたりては　三囲《みめぐり》へ
　玉姫稲荷が
　狐の嫁入り　お荷物を
担《にな》へば強力《ごうりき》稲荷さま

――『端唄俗曲集』――

熊野三山の中心をなす本宮は熊野川と音無《おとなし》川と岩田川の三川合流の中州にあった。

熊野本宮大社の旧社地

明治二十二年（一八八九）の大洪水で社殿の軒まで水没する被害をうけたため、現社地に移転した。いま熊野川は上流にダムができて河原は干上がっているが、『一遍聖絵』や熊野参詣図で見る熊野川も音無川も、水量はゆたかであった。旧社地には船着場と見られる石畳ものこっており、大河の中にうかんだこの大樹叢の神々しさは、想像にあまりあるものがあったろう。

西行も定家も一遍もこの社叢を伏拝《ふしおがみ》より遥拝し、音無川の清い流れを徒渉して神域にはいっていったのである。熊野詣の徒渉には水が深くとも袴をかかげずというから、ずぶぬれであった。したがって定家は本宮参拝を「ぬれわらくつ入堂」というのだとしるしている。戦前に私が詣でたときは、靴をぬいで徒渉したおぼえがあるが、最近の音無川は水がまったくなくて河原は塵芥ばかりである。江戸時代には紀州南竜公の寄進した、長さ二十四間の「高橋」がかかっていた。しかしこの徒渉は自然の禊であって、音無川の名称そのものが忌籠《いみごもり》の潔斎と慎しみを意味しているる。そして熊野詣といえば音無川を連想するまでに、その名が知られるようになったのである。

ところでこの音無川の水上には端唄で知られた船玉《ふなだま》十二所大明神と玉姫稲荷がまつられている。私は子供のころ大人たちが口ずさむ「紀伊の国は」の船玉山《せんぎょくさん》に興味をおぼえ、文字はわからなかったが、どのような山だろうかとおもったものである。こんども本宮大社できいたところ、このあたりの山全体をそうよぶのではないでしょうか、という話であった。しかし発心門王子址まではいって、猪鼻《いのはな》王子址への案内をしてくれた老樵夫が、私の疑問にこたえてくれた。

音無川をかなりさかのぼった、陰湿な河原に突き出た巌の上に、船玉神社と玉姫稲荷は鎮座していた。発心門の村から三キロ以上もはなれた谷の奥のわりに、社のまわりがきれいになっているのは、大阪のある女祈禱師が信者をつれて毎月参拝にくるからだとのことであった。そしてそのあたりの谷をとりまく重畳たる山の主峯が船玉山だった。だから船玉山は音無川の水源といってもよいのである。このあたりの音無川は谷がふかく石の多い河原を、清冽な水が鬱蒼たる樹陰を縫うように、音もなく流れていた。そして中世の人々はこの河原の石を跳びながら下ってきたのかとおもうと、石の一つ一つにも歴史の足跡がのこっているように感じられた。

一遍は超一、超二をつれて石ですべらないように注意しながら下ってきたであろう。熊野権現はもうすぐだ、となだめすかしたかもしれない。定家も昨夜ほとんど徹夜で岩上峠を越えたので、物倦い体を気力でささえて石から石へ跳んだことであろう。それでも彼は、

今日の道、深山樹木多し。苺苔ありて其の枝に懸る。藤の枝の如し。遠く見れば偏《ひとえ》に春の柳に似たり

などとしるしているので、この谷の有様が髣髴とする。

しかしどうしてこの谷に船玉信仰が発生したのかは問題である。神社はすべて山上または上流にまつられて、麓や下流にうつってゆくことをかんがえると、本宮の旧祭地の一つを音無川の水上に想定できないこともない。本宮の『熊野権現御垂迹《ごすいじゃく》縁起』

では御祭神はもと阿須加《あすか》の社の北石淵の谷に鎮っていた。ところが岩田川の南河内の住人、熊野部の千与定《ちよさだ》という犬飼（狩人）が、大猪を追っていって岩田川の川上の大湯原で、一位（石櫧《いちいがし》）の梢に三枚の月形として顕れたもうた三所権現を見つけて祀《まつ》ったという。「阿須加の社の北石淵の谷」はどこかわからないが、熊野の御祭神は十二所あって集合祭祀であるから、熊野川、音無川、岩田川それぞれの上流から移し祀られた神々が、この三川合流の中州にあつまったことはまちがいあるまい。

熊野神道では御祭神はすべて神代紀の神名であるが、そのなかにはこのあたりの有力氏族の祖先神や山の神、水の神もまじっていたであろう。船玉神は「十二フナダマ」というところもあって、十二柱の神をえがいた掛軸でまつり、船のツツ（神座《かみくら》）にも銭十二文と女の毛髪と人形《ひとがた》と賽ころを入れる。これをすぐ音無川の船玉十二所大明神と熊野十二所大権現に関係づけるわけにはゆかないが、水の神あるいは禊の神として熊野信仰の一部をなしていることだけは断言できよう。那智だけは禊と水の神たるお滝の飛滝《ひろう》権現をくわえて十三所であるのに、やはり十二所大権現という。そして船玉祭祀と山伏の関係も関東・東北地方に顕著にみられ、この地方の漁村の出羽三山信仰は熱烈であった。音無川の船玉十二所大明神が江戸端唄になり、玉姫稲荷が江戸の三囲《みめぐり》にまつられたのも、熊野修験の活躍の跡であろう。

とまれ、いま旧社地の音無川に水がなく、水害のためとはいえ社地が道路の上の丘陵にうつったのはさびしい。旧社地には『一遍聖絵』にえがかれた社壇の跡は芝生となって清らかにのこり、千古の大樹叢もそのままであるが、風はむなしく吹き、陽光はむなしくふりそそぐだけである。私は冬の一日、この芝生を歩みながら、聖絵にえがかれた道者の雑踏と山伏の往来をおもった。

現社地は旧社地から五〇〇メートルほど北の丘陵を石段でのぼる。豊臣秀頼寄進の「日本第一　大霊験所」の扁額のかかる神門から拝すれば、清らかな玉砂利の広庭をへだてて本殿三棟が神さびてたっている。旧社地では五棟だったので第一殿に那智（夫須美大神）と新宮（速玉大神《はやたま》）を合祀し、第二殿を証誠殿として主神、家都御子《けつみこ》大神をまつり、第三殿に若宮（天照大神）をまつり、第四殿に中四社（禅師宮・聖《ひじり》宮・児《ちご》宮・子守《こもり》宮）を、第五殿に下四社（一万十万・勧請十五所・飛行夜叉《ひぎょうやしゃ》・米持童子）をまつったが、いまは三棟になった。主神家都御子大神は「木の国」紀伊に関係ふかい「木の御子」の意といわれ、木種《こたね》を生んだ素戔嗚尊に比定する説と、伊弉諾・伊弉冉二神にあてる説とがある。素戔嗚尊は『日本書紀』一書に、

髯鬚《ひげ》を抜き散《あか》つ。即ち杉と成る。又胸の毛を抜き散つ。是れ檜と成る。尻《かくれ》の毛は是

れ枝《まき》と成る。眉の毛は是れ櫲樟《くす》と成る。

とあり、やがてこの神は熊成峯《くまなりのたけ》にうつり、遂に根の国に退いたとあるから、熊成峯は熊野のことだろうといわれる。またその子五十猛命《いたける》とその妹神はこの木種を紀伊へはこんだとあって、いよいよ熊野に関係のある神である。

本社は三山の首位にあって三山信仰の中心であったことはいうまでもなく、熊野御幸はこの証誠殿本地阿弥陀如来の宝前にぬかずき、奉幣、経供養をとげることを目的とした。したがって新宮、那智を略して本宮だけで下向《げこう》、帰洛することもしばしばであった。また三山をめぐるときも最後は再び本宮にもどり、それから中辺路を帰るのである。一般の熊野詣も本宮を目的とすることはおなじで、証誠殿の託宣がおもんじられた。一遍上人が信仰上の疑問を証誠殿の託宣で解決したことはすでにのべたが、鎌倉末期の勅撰歌集『玉葉和歌集』にある有名な神詠も、

色ふかく　思ひけるこそ　うれしけれ
もとのちかひを　さらに忘れじ

此歌は武蔵の国に侍りける人、熊野にまうでて、証誠殿の御前に通夜し

て、後の世のこといのり申し侍りけるに、夢のうちにしめし給ひけると
なん

とあるように、託宣だったのである。おなじ歌集にはまた、

待わびぬ　いつかはこゝに　きの国や
むろのこほりは　はるかなれども

此歌はつくし（筑紫）に侍りける人の子の三歳にてやまひして、日数かさなりけるを、おやどもなげきて、熊野へまゐらすべきよし願書をかきておきながら、おこたりけるを　年月へて七歳にて又おもくわづらひける時、託宣ありけるとなん

とあるが、定家も御幸記に証誠殿の前で「祈るところは、只生死を出離し、臨終の正念なり」としるしている。すなわち熊野に詣るものは、後世をいのるもの、立願をほどくものがもっとも多く、ほかに長寿をいのるもの、福徳をねがうものなど種々雑多で、『玉葉和歌集』には貧苦をまぬかれようと熊野詣をしたが、さらにしるしがない

ので、証誠殿に通夜して怨み言をいうと、

まてしばし　恨みなはてそ　君を守る
　こころの程は　行末を見よ

の託宣のあったこともつたえている。

本宮は宝物類も三山中もっとも豊富であったが、文明と永禄の火災と明和年中の火災でほとんど失った。もっとも古いのは拝殿の前にある湯立釜で、大分破損しているけれども建久の銘があって、源頼朝の寄進であることはうたがいない。熊野本地仏曼荼羅は修験道さかんなりしころの名残《なごり》とかんがえられる。能面も中世末期のものがあり、旧社地の神楽所、管弦所で猿楽がおこなわれたことをしめす資料である。古文書も少数ながらあり、檀那売券《だんなばいけん》ものこっている。

現在の本宮の通りは江戸時代の古図でも人家櫛比《しっぴ》し、御師《おし》の坊が宿坊として道者を宿泊させていた。神職、供僧、三昧僧《さんまいそう》などは西方の岡の上に院、坊、館をかまえていたという。そのほか神楽人、神子、管弦方、語役《かたりやく》、承仕《じょうじ》、神人《じにん》など莫大な人口であった。「蟻の熊野詣」はすべてここにあつまり、一部が湯の峯に泊ったのだから、その殷賑は想像にかたくない。中世の熊野詣盛期はなおさらのことで、定家も、「稠人《ちゆうじん》の狼藉は浅猿《あさま》し」とその雑踏をなげいた。

湯の峯温泉は一般に小栗判官で知られるが、本宮の『御垂迹縁起』の大湯原（大斎原《おおゆのはら》）は湯の峯ではないかとの説もあり、本宮の発祥に関係があるらしい。というのは湯の峯には熊野国造の墓なるものがあって、本宮社家系図は熊野国造を祖神とするからである。もと湯の峯王子がまつられていたが、その址を別当であった東光寺が占め、湯の花の堆積でできた湯峯薬師（湯胸薬師）を本尊とする。泉源は東光寺の支配下におかれた時代があり、いま壺の湯の湯銭徴収権をもっているのはその名残である。正平二十年（一三六五）の一遍上人名号石は自然石に六十万人頌を磨崖したもので、南北朝のころ湯の峯温泉を時宗が支配していたことをしめすものであろう。

江戸時代の熊野詣は中辺路をくるものは、水呑王子で分かれて間道を湯の峯に出た。ここで潔斎して本宮へ詣でたという。三山をめぐって大雲取、小雲取をこえて本宮へもどるにもここを通るのが巡路であったが、定家の御幸記ではここへ寄った形跡はない。いまは田辺からバスが直通し、また奈良からの国鉄バスと近鉄バスも本宮のりかえで通じているから、まことに便利である。

速玉の神

時に伊弉諾尊亦慙《は》ぢたまふ。因て将に出で返りなむとす、時に直《ただ》に黙《もだ》し帰りたまはず、盟《ちか》ひて曰《のたまは》く、族《うから》離れなむ。又曰く、族《うから》負けじ。乃《すなわ》ち唾《つば》く時に化出《な》る神の号《みな》を速玉之男神と曰ふ。次に掃ふ時に化出《な》る神の号《みな》を泉津《よもつ》事解《ことさか》之男神と曰ふ。

——『日本書紀』神代巻——

熊野詣も現代は汽車を利用するので、多くは那智へお参りしてから新宮へ参拝、それからプロペラ船で熊野川をさかのぼり、瀞峡《どろきょう》の名勝を観光して宮井から車で本宮へ参る。しかし私の熊野詣は歴史と信仰の足跡をたどるのだから、本宮から新宮へくだることにする。

このコースもいまは国道一六八号線に車をはしらすのが普通だが、むかしは『一遍聖絵』でのべたように、本宮旧社地の三川合流点の舟着場で川船にのり、両岸の山や村をながめながら新宮までくだったのである。途中、楊枝《ようじ》の村はずれに楊枝薬師がある。ここは伊勢路の熊野市有馬の方から本宮を目ざす道者の渡河点でもあり、熊野川下りの道者もここで下船して参拝したらしい。ここでの縁起唱導が浄瑠璃『三十三間堂棟木由来』として、人口に膾炙《かいしゃ》したが、いまは訪れる人もなくひっそりしている。

後白河法皇はたいへんな頭痛持ちであった。ところが熊野山伏は法皇の悩みをきくと、その原因を前世の因縁としてつぎのようにかたった。法皇も前世では蓮華坊とよぶ熊野山伏であったが、その髑髏《どくろ》はいまだに朽ちずに、岩田川の水底にある。この髑髏をつらぬいて柳の木が生えて、風の吹くたびにきしむので頭痛がするのだという。よくかんがえるとこの病理学はどこか変なのだが、錐《きり》でもむような頭痛や神経痛は人の気をよわくする。その通り信じこんでしまった法皇は、その治療法として前世の髑髏をとりあげて観音像の頭中に納め、生えた柳を棟木に一寺を建立しようとする。これが蓮華王院三十三間堂だというから、いま京都観光の花形である三十三間堂も熊野御幸の所産であり、熊野山伏の舌先からうまれたものである。

しかしこのときの観音像も棟木も、建長元年（一二四九）の焼亡でなくなったので、髑髏と柳をたしかめる術はない。それよりも私は岩田川からあがったという自分の前世の髑髏を手にとった、法皇の顔が見たいのである。あるいは法皇はなにもかも先刻御承知で、腹の中では奉行の平清盛にうんと金をつかわしてやろうとおもったのかもしれない。

定家の御幸記によると新宮下りの船が、上皇の御召船すら調達できずに困ったとある。一日おいてようやく神社の世話で一艘、自分のチャーターしたのが三、四艘だけなので、お供の下人は大部分本宮にとどめることにした。川の中には権現の御雑物と称する種々の石があると書いている。川下りの時間は朝出て未の刻（午後二時）に新宮へついた。新宮の表参道はもとは熊野川原の船着場からついていたのである。

新宮速玉《はやたま》大社の現在の社殿は昭和三十五年に再建成ったばかりだから、朱塗りの柱や桁、破風などがあざやかで、銅葺きの屋根回りも豪華である。社殿三棟にたいして鈴門六ヵ所あるのも参拝者に親切である。背後の楠と杉の大社叢に調和してうつくしい。古図にみる旧社殿は第一殿、那智（夫須美大神）第二殿が新宮の主神、速玉大神　第三殿、本宮証誠殿（家都御子大神）第四殿、若宮（天照大神）第五殿、中四社合祀　第六殿、下四社合祀であったが、いまは妻入りの第一殿に主神速玉大神を奉祀し、入母屋の第二殿に那智、本宮、若宮の三社合祀、入母屋の第三殿に中四社、下四社の八社合祀になっている。

主神の速玉神像と夫須美神像は、ひじょうに美術的にすぐれた作品（重要文化財）である。私もとくに一日の潔斎をして、早朝の月例祭に浄衣で奉仕し、本殿内で奉拝することができた。千百年以上の歳月をへて、なお現代の作品のようになまなましく、人肌の神像といってもよいほど血のかよった御像であった。

熊野速玉神像（左）と夫須美神像（右）（熊野速玉大社所蔵）

とくに速玉神像は天平の雄渾な、内面的精神性を頬のあたりにのこしている。衣文には典型的な翻波式を表現した仏像彫刻の技法で、しかもすこしも仏像くさくない、日本の神を顕現している。月並なほめ方だが、心にくい作品である。日本の神は畏怖と畏敬があるべきで、その宗教感情がよく生かされた美ということができよう。

夫須美神像もこの種の女神像の先駆をなすもので、豊満な平安初期の肉体的表現を、青蓮のような眼で浄化している。何よりも完好な作品ということが私の趣味にも合って、まことにありがたく奉拝した。

ところが本宮の家都御子大神とおな

じく、速玉大神も夫須美大神もまことにむずかしい神様である。中世の人々はやはりわかりやすい本地仏の、阿弥陀如来、薬師如来、千手観音としておがんだのであろう。いま夫須美大神は那智の方へゆずるとして、速玉大神をかんがえてみよう。

この神は『日本書紀』神代巻の一書にでる速玉之男神と一つならば、伊弉冉尊が火の神にやかれて死んで、死の国、黄泉国《よもつくに》へ行ったときあらわれた神である。古典ではこのとき伊弉諾尊が亡妻の伊弉冉尊の死体に別れの言葉をかけたのを「絶妻之誓」というのだが、いまの葬送習俗では「よい所へ行けよ」という言葉をかけるのにあたる。熊本県の山間部では、

「よかとこさんさはってけ」

と声をかけるのは、すこし乱暴な言い方で、「お前の好きな所へ行ってしまえ」という意味だそうだが、このとき木製の小さな鍬《くわ》を棺にむかって投げる。ところが禅宗の葬式ではこのとき導師が一喝し、鍬投《くわなげ》導師が木製の鍬を棺に投げつける。

鍬は「槌の王子」でのべた槌とおなじく鎮魂の咒具で、荒れやすい死者の霊を鎮めて追いはらう力をもつと信じられた。古墳の副葬品によくみられる鍬形石も、死者が死後百姓する階級のものでないから、鎮魂のために入れられたのである。「石嚙ませ」は対馬《つしま》の葬式で埋葬のとき、石をうしろ向きで肩越しに棺に投げつけ、うしろを

見ずにかえることだが、やはり鍬投げとおなじ意味である。したがって「絶妻之誓」は鎮魂のことで、「死んだお前と我々とは別離するから、ついてきてはいけないぞ」といい、また「お前が祟ろうとしても我々は負けないぞ」と宣言したのである。

そして伊弉諾尊はまじないに唾をはいたり、箒をふりまわして払ったりした。霊がちかづかないための古代葬制のマジックである。唾をはくことはいろいろのマジックにあるが、死霊を追う唾の力に速玉之男神という神格をあたえ、死霊を追う箒の力に泉津《よもつ》事解之男神《ことさか》という神格をあたえたのである。このようにみてくるとこの神話から推察できる速玉大神は、死者の国を浄化する神としてまつられたものということができる。それはまたあらゆる禍や罪穢をはらう神であり、その結果病をいやし健康をあたえ、幸福をきたす意味で薬師如来と同体視される理由もあったといえよう。

速玉大社は一千点にあまる文化財をもち、これを熊野神宝館に保管陳列している。そのなかでとくに著名なのは、新国宝に指定された十二所権現の御神宝《ごしんぽう》である。足利義満が明徳元年（一三九〇）に三山に寄進したのであるが、新宮だけが完全にこれを保存したのは貴重である。神宝はすべて十二所の神々の調度品で、衣服装束あり、手箱あり、硯箱あり、檜扇《ひおうぎ》あり、その絢爛豪華、目を奪うばかりである。これらは日本工芸の最高水準をしめしたものとして、世界にほこるべき文化遺産といえるが、同時に風俗史の資料としても、他に比較すべきものがない。

手箱は女神夫須美大神の御調度なので、切箔や金砂子をまいた梨子地《なしじ》に、熊野の神木たる梛《なぎ》（竹柏）を蒔絵螺鈿《まきえらでん》であらわし、中に化粧品をおさめている。たとえば白銅の籬菊双鶴文鏡、銀の白粉盤《おしろいざら》、白磁の紅碗《べに》、銀の耳掻や毛抜や鋏、蒔絵の梳櫛《すきぐし》二十九枚と銀の解櫛《ときぐし》一枚、櫛篦、お歯黒筆など、当時の上流女性の化粧品調度を目のあたり見ることができる。また女性の物詣《ものもうで》に首から下げた懸守《かけまもり》もあり、玉佩《ぎょくはい》という金銅瓔珞《ようらく》形の石帯の下げ飾がある。糸花《いとばな》とよばれる造花も中世の遺品として唯一のもので、細工の精巧もさることながら、髪や冠に挿した挿頭花《かざしのはな》の実物をここに見ておどろきを禁じえない。

以上は本殿内に保存されてきた伝世品であるが、熊野神宝館には莫大な数の発掘品が蒐集所蔵されている。現宮司上野元氏の長年にわたる蒐集のたまものであって、貴重な先史考古学や歴史考古学、あるいは民俗学の資料である。

速玉大社境内の庵主池跡《あんじゆいけ》と社殿背後の大樹叢、今は境外になるが権現山と神倉山《かんのくら》は、中世さかんに埋経のおこなわれた聖域で、経塚遺跡から多くの出土品が発見された。庵主池はこの地に本願庵主という勧進聖がおって権現の勧進権と修理権をもっていたが、いま社務所にちかい遺跡から籬菊双鳥文鏡をはじめ、懸仏や土製千体地蔵立像多数が出ており、神宝館に常陳列されている。権現山如法堂跡からはめずらしい常滑《とこなめ》焼の肩に二重蓮弁文様のある壺が陶製経筒、金銅製経筒とともに出土、平安鎌倉にわたる日本陶芸史の貴重な資料とされる。壺は経筒とともに埋納された骨壺と推定されるから、権現山如法堂には納骨信仰もあったのである。金銅製経筒には建治元年(一二七五)の銘があり、年代決定の上に重要な参考になる。

もっともはなばなしい経塚出土をみたのは神倉山で、平安時代の鏡や鏡面毛彫馬頭観音像の懸仏などをはじめ、青磁合子《ごうす》が出ている。青磁合子は八角形のもの、菊花形のもの、蓮葉蓋のものなど多様で、おそらく船載品であろう。神倉遺跡からはまた一字一石経の鎌倉時代のものもあり、骨壺とおもわれる信楽《しがらき》壺も出た。一字一石経は速玉大社の大樹叢内から笹塔婆とともに出土しているが、おそらくどちらも法華経を書写して埋めたのであろう。そうとすればこの地に奈良時代に住んでいた南《みなみ》菩薩永興以来、まことにながい伝統といわなければならない。ほかに摂社阿須賀《あすか》神社社叢内禁足地から、先年懸仏が三百面ちかく発掘されたが国立文化財保護委員会の管理におかれているとのこと、収蔵庫設立のうえ返還をみれば、新宮の埋蔵文化財は一層の光彩を添えることであろう。

新宮の大祭は速玉大社の御船《みふね》祭と神倉《かみくら》神社の御灯《おとう》祭(火祭)である。御船祭はいわゆる熊野諸手船《もろたぶね》の競漕があり、勇壮な祭として知られる。十月十五日は阿須賀神社への神馬渡御式があって、阿須賀神社の神璽《みたま》を本社へうつし、また本社の速玉神の神璽を御旅所の仮宮にうつす。十六日は有名な一つ物（萱《かや》の穂十二本を腰にさした人形）の行列で夫須美神の神輿を神幸船にうつすのである。神幸船は天和年間（一六八一～八四）に新宮木材問屋仲間の寄進した髹漆《きゅうしつ》金銅装神事船があるが、いまは使用せずに神宝館に陳列して、代船をもちいている。

天和の神事船は全長二十二尺、全部朱漆に塗金の竜頭を船首につけ、金具も彫物も豪華をきわめた美術品なので昔の神幸の面影がしのばれる。神幸船の後の斎主《さいしゅ》船には神職がのり、神幸船の前を諸手船と九艘の早船が曳く。船行列が御船島にちかづくと、九艘の早船の綱をほどいて競漕になる。早船の漕手は十人で、飛沫をあげながら御船島を左から三度回る。このあいだ神幸船は島を二度回る。このとき諸手船にのった赤衣女装のハリハリとよばれるものが、扇をあげて「ハリーハーリセー」とまねくと、御船島の神職の合図で早船はまた二周めぐって競漕する。これが終ると神幸船は乙基《おとも》河原に着岸し神輿は御旅所の仮宮にはいる。すなわちここで速玉神と夫須美神はそろって祭を享《う》けるのである。この仮宮は杉葉でつくる古風なもので神饌を撤するのに深秘の所作があるという。

御灯祭（神倉神社）

神倉神社の御灯祭は旧正月六日の火祭であるが、いまは二月六日におこなわれる。神倉山は市の西にそびえる岩山で、権現山とともに千穂ケ峯の一部である。五百三十八段の石段は頼朝寄進といわれるが、まったく胸を突く急坂におどろく。しかし途中の中の地蔵堂から平坦になり、頂上のゴトビキ岩でまたおどろくのである。眺望もよいが古代人が畏怖を感じたであろうほどの丸い巨巌が、いまにもころがり落ちそうに断崖の上にひっかかって、そのかげに小さな社殿がある。典型的な磐境《いわさか》信仰である。したがってこの山は神代紀にいう熊野神邑《かみむら》の天磐盾《あまのいわたて》に擬せられ、社には高倉下《たかくらじ》命をまつっている。

熊野修験にはもってこいの磐境だけれど

も、ここは一風かわった聖《ひじり》が管理した。那智の妙法山を中興した高野聖萱堂派の開祖、法燈国師がひらいたという本願妙心寺である。神倉聖といわれるのは妙心寺のほかに、華厳院、宝積院、三学院の四院があったが、江戸時代には臨済宗法燈派として妙心尼寺のみのこり、伊勢の本願慶光院から将軍家光の大奥にはいった「徳川の夫人たち」のお万の方に関係ある六条家から尼僧が入寺して格式が高かった。しかし『熊野年代記』では天正十六年（一五八八）に乱暴な聖がおって大和大納言秀長の軍兵に反抗して焼かれたのち、九州全域を勧進圏にして再興した。

神倉神社の御灯祭はこのように乱暴な、そして権威に屈せぬ神倉聖の精神をうけついだ男意気の祭である。昔は六日の夜、近郷より群集した白装束の松明男を、神倉聖が斧鉞《まさかり》をもって指揮し、堂内に閉じこめて誦経《ずきよう》しながら松明《たいまつ》の煙で燻《いぶ》した。したがって煙でたまらなくなったころ、戸を開くと皆とび出して石段を走り下ったのである。密閉した堂内で燻すというやり方は、狐を燻し出すとおなじでその人の体から悪《お》魔《に》や穢をおとすマジックである。これとまったくおなじことが太宰府（天満宮）の鬼燻《す》べや各地の鬼走りにあるが、これはすべて「おこない」といって、年の始めの修正《しゆしよう》会《え》からおこった。山伏も柴灯《さいとう》護摩もこの民俗信仰から出て修験道行儀となったものである。

火となりて　走る男や　お火祭　いとど

見せて　やりたい　神倉山の
お灯祭の　男意気　野口雨情

ともに神倉神社の句碑、歌碑であるが、これは「男の祭典」である。むかしは五日以上、いまでも一日二日は女子を遠ざけ、別火精進して、木綿の白襦袢、白パッチに太い樽縄を胸から腹へ巻いて怪我にそなえる。昔の神倉聖の斧鉞の代りに介錯棒《かいしやく》をもった整理係が、あつまった数千の男たちを整理し、神官が斎火《いみび》からうつした大松明を中の地蔵までもって出ると、各自の松明に火をつける。これから火竜のような火の集団が山上にのぼり、神門内で祈禱ののち一斉に走り下る。このとき神倉山は那智の滝の水を火にかえたような「火の滝」をかけるのである。

那智のお山

ふだらくや　岸うつなみは　三熊野の
那智のお山に　ひびく滝つ瀬

——西国三十三所御詠歌——

新宮から那智のあいだには浜王子、佐野王子があって浜ノ宮王子までは熊野灘の風光をたのしむことができる。定家も「山海の眺望、興なきにあらず」とこの道を書いているが、しかし今は海風よりもガソリンくさいのが気になる。戦前には三輪崎《みわがさき》の白州《しらす》のような小石をしきつめた海浜に立つと、縹渺《ひょうびょう》として遊子《ゆうし》悲しむ風情があったが、いまはどうもうす汚なくなった。

浜ノ宮王子は那智の入口で、隣合わせに補陀洛山寺がある。補陀洛山寺の前の岸をうつ波と、那智のお山にひびく滝と、那智は海と山を股にかけた欲のふかい霊場である。そのうえ那智は本宮と新宮にみられなかった、神道と仏教を股にかけた欲のふかさ、この相反する絶対矛盾を自己同一した弁証法が、わかったようで、わからない那智の魅力である。ともかくも那智は二次元でなく三次元である。水平線零《ゼロ》メートルから八〇〇メートルの妙法山頂まで立体的である。垂線ＰＯを那智のお滝とするのが那智の幾何学である。

まず定家の印象をきいてみよう。

先づ滝殿を拝す。嶮岨の遠路は暁より不食にて無力。極めて術なし。

小倉百人一首の撰者はここでとうとう下痢をおこしたらしい。絶食中では瞑想の滝の啓示をきくことはできなかったであろう。彼はついに那智で歌人らしい名句はひとつも吐かずに、弱音ばかりあげることになる。

那智についてかたるべきことは多いが、三山めぐりばかりでなく、紙幅も終点にちかい。ただこれはいかなる旅にもいえることであるが、三山を知るには親ゆずりの足と脚であるくしかない。とくに那智は『一遍聖絵』や参詣図にかかれた旧道、大門坂をのぼり、お滝道へ出て、お滝を拝し、ふたたび鎌倉積みの豪快な石磴をふみしめて、竹藪のそばをぬけ、古い坊址の石垣の側を通ってのぼらなければならない。ゆめゆめ途中で旧道と交叉するコンクリート道に足をふみこんではならない。そのような

大門坂参道の石畳

径は草も生えこんでいるが、その根元をよくみると石が舗《し》かれていた跡を見て、歴史をそこにふみしめるのである。

お滝への降り口の左に那智山経塚の標柱がある。俗に沽池《かれいけ》というが、修験では金経門とよんでここに豪華な経塚をいとなんだ。大正七年（一九一八）にこの経塚が偶然発見され、貴重な遺物が三百点ほど出土した。ところが複雑な経緯《いきさつ》があって大部分は宮内庁の有に帰して東京国立博物館に保管され、ごく一部が那智大社と青岸渡寺に保存されている。

遺物は金銅仏、仏具、三昧耶《さんまや》曼荼羅に配列された三昧耶形、経筒、古鏡、古銭で、埋納に際して修せられた経供養の本尊や仏具とともに経典を埋めて、経塚をいとなんだことがわかる。この経塚に関する記録として大治五年（一一三〇）の『金経門縁起』があるが、出土品は平安、鎌倉、室町にわたるので、継続的に埋経がおこなわれた大規模な経塚である。このほかにも境内《けいだい》各地から経筒や鏡、あるいは骨壺破片や歯骨納入の滑石製五輪塔が出ている。いかにも修験道遺跡たるにふさわしい。

青岸渡寺の仏像はすべて金経門経塚出土品であるが、金銅大日如来坐像は金剛界曼荼羅三十七尊の中心五仏の中尊で、この四方に阿閦《あしゅく》如来、宝生《ほうしょう》如来、無量寿如来、不空成就如来がおかれていたのである。堂々たる中にも優美さのある像容でいずれも大治年間、沙門行誉によって埋納されたときのものであろう。しかもこの五仏それぞれには四方に四親近《しんごん》菩薩がおかれるが、金剛法菩薩は西方無量寿如来の東に配せられる。

金銅大日如来坐像（青岸渡寺所蔵）

『金経門縁起』によると行誉は熊野三所権現の本地仏と金剛界三十七尊、九尊像および三昧耶形二十六尊、八供義具を納めたことになっているので、これは五仏、四摂《ししょう》、四親《ししん》近《ごん》、八供養の三十七尊に属するものであることがわかる。

三昧耶形は縁起では二十六尊をあげるにすぎないが、正確には四親近八供養は二十八尊で九尊像とあわせて三十七尊になる。したがって沙門行誉は全部仏像で構成された三十七尊一具と、仏像九尊および三昧耶形二十八尊で構成された三十七尊一具と、二具を埋納したのである。金剛索《さく》菩薩の三昧耶形は索《さく》で信仰に引張り込む綱をあらわすが縁起の目録にはないもの、金剛儛《ぶ》菩薩の三昧耶形は動作をあらわす羯磨《かつま》、金剛愛《あい》菩薩は三鈷双立で理と智の不二、比喩では男と女の合一を象徴的にあらわす。ちょうど腕と足をくんだ形である。東京国立博物館の目録で金剛喜《き》菩薩となっているのは、実際は金剛拳《けん》菩薩の二手各拳の三昧耶形で、仏法に人を鈎召《こうしょう》するのである。このように密教のシンボリズムを美的に表現して、嫌味を感じさせないところが面白い。

縁起に権現御体と書かれた本地仏は飛鳥、白鳳、天平などの古仏をもちいたらしく、また功徳のための古仏の埋納が出土している。青岸渡寺の金銅聖《しょう》観音立像は白鳳時代の柔和な童顔像だが、火中したらしく全身の肌がただれ、天衣の溶落した跡がいたいたしい。東京国立博物館の十一面観音立像は若宮の御本地だったことはうたがいなく、飛鳥仏をもちいたのである。金銅聖観音立像も飛鳥から白鳳への過渡期のものであるが、児宮《ちごのみや》の本地、聖観音の代りか、結《むすび》宮と飛滝権現の本地、千手観音の代りであろう。

両手を腰前で組み宝珠をもつ観音は救世観音型の聖観音で、典型的な白鳳仏の傑作といえる。土中でよくもこのあどけなさがそこなわれなかったことをよろこびたい。おなじく若宮の本地、十一面観音立像も堂々たる白鳳仏で、肩袖のカスプとX字型天衣と全身のプロポーションにやや飛鳥の手法をのこすわりに、表情がすばらしく清らかだ。飛鳥の渋面にたいして頬ずりしたくなるような童心の表現である。

金銅薬師如来立像は新宮速玉神の本地で白鳳というより天平にちかく、袈裟の天平的な並行衣文が背面にもきれいにあらわされたのが特徴的である。金銅如来立像も左手が欠損しているがたしかに薬師で、衣文のするどい彫りと、股肉の盛りあがりをあらわす重弧双曲文、渋面と大きな肉髻《にっけい》など、平安初期の古仏である。これらの諸像は土中品とおもえぬ保存の良さにおどろくとともに、おびただしい古仏が熊野に搬入されたことを想像させる。仏具も縁起では莫大な量であるが、その中の錫杖《しゃくじょう》頭だけをあげておく。五輪と層塔と迦楼羅《かるら》鳥を軽快に図案化した手法は鎌倉初期をあまりくだらぬ作品であろう。

那智大社の主神、熊野夫須美《ふすみ》大神は結宮《むすび》ともいい、伊弉冉尊と同体とする。「むすび」は産霊《うむすび》で、『日本書紀』一書には高皇産霊《たかみむすび》尊、神皇産霊《かむみむすび》尊があるが、伊弉冉尊を天照大神の母神として、「むすび」にあてるか、熊野に葬られた神としてあてるかは問題である。しかも那智は発祥を裸形《らぎょう》上人の草創として、『御垂迹縁起』も本宮と新宮だけのべて、那智にはふれない。これをみると「那智山は禰宜《ねぎ》神主なく、皆社僧なり。社僧に清僧あり妻帯あり」と『紀伊続風土記』がのべたように、はじめから持経者によって、修験の山としてひらかれたものらしい。ここに那智が熊野三山のなかでもとくにはげしい苦行をともなう、滝籠行者や山籠行者、あるいは捨身行者を出す理由があるとおもう。

しかし那智の社僧は池大納言《いけの》平頼盛の子孫と称する潮崎氏が、裸形上人の住坊という尊勝院《そんじょう》にはいってから、清僧執行職《しゅぎょう》を代々同氏から出すことになった。また別当湛増の子孫と称する米良《めら》氏が実報院《じっぽう》（実方院または十方院）を代々相続し、高坊法眼《たかぼうほうげん》とよばれた。この両院の支配下に潮崎、米良を名乗る妻帯修験の院、坊が一山を形成し、諸国からの客僧とともに「日本第一大霊験所　根本熊野三所権現」をまもったのである。

那智全山のもつ荒々しさ、豪快さはあの大滝がかもしだすというより、これをまもった修験の精神が隅々までしみこんでいるからであろう。その一つのシンボルがお滝道の鎌倉積みの石磴で、あれは修験の高足駄でポンポン跳び降りるのに適している。あれが高足駄で走れないようでは修験ではない。火祭には大松明をかかえてこれを走り下るのだが、いまは修験でないからおとなしい。

もう一つの修験的な那智は青岸渡寺の上から、お滝の銚子の口（落口）へあがる石段と、四十八滝という奥山の滝めぐりである。原始宗教を基盤にもつ修験道は、苦行による滅罪とともに山霊と交流し、その霊威を身につけようとする。霊威は稜威《いつ》であり、マナ（mana）である。この石段は山霊の棲家と俗界を隔絶するきびしさをもっている。

修験のきびしさは熊野路のいたるところで味わわれるが、なかでも大雲取、小雲取越の右に出るものはない。定家も雲取を越えるとき、

> 終日嶮岨を超《こ》す。心中は夢の如し。いまだかくの如きの事に遇はず。雲トリ紫金峰は手を立つるが如し。山中ただ一宇の小家あり。（中略）此の路の嶮難は大行路に過ぐ。くまなく記す能はず。

と書いている。定家は那智を出るときから雨にあって、行列も林葬（宗）のごとしといっているほどだから、よけい骨身にこたえたのであろうが、那智を知るためといわんより、熊野を知るためには一度踏んでみたい山道である。

大雲取越は青岸渡寺から二十五町の妙法山へのぼり、旧道を色川辻へおりて尾根道

熊野那智大社の例大祭（那智の火祭）

をたどるのが本道であり、また巡礼道でもあった。しかしいまは青岸渡寺から直接色川辻へ出る道がある。色川辻は林業資本の木原産業が苗圃を開拓し、雲取の地蔵茶屋まで自動車道をつけてしまったから、よほど注意しないと旧道を見つけそこなうおそれがある。定家が山中ただ一宇の小家といったのは、唯一の水場のある地蔵茶屋らしいが、途中に一里塚や茶店のあった跡ものこっている。旧道には中世の敷石道がよくのこり、とくに舟見峠や越前峠で顕著である。

那智には田楽と火祭が有名である。田楽は『熊野年代記』に、応永十年（一四〇三）に堀内氏俊なるものが上京して、田楽法師常正、法輪の両人を召し連れて帰ったとあり、大伴丹生の山でこれを社人一同が習ったという。六月の会式《えしき》、すなわち扇祭に舞い始めたが「ヲカシキコト云」とあるので、散楽的な茶番寸劇や曲芸があったのであろう。つぎに承応元年（一六五二）に田楽の太鼓張り替えの記事も見え、万治元年（一六五八）に田楽太鼓新調、延宝六年（一六七八）に田楽衣装、笠、袴の寄進、本願庵主の田鼓《たつづみ》、ササラ、ツツミの新調などがある。この年からいわゆる田楽装束がもちいられたのであって、それまでは僧衣で踊ったという。しかし、これも明治維新で絶えたが、大正十年（一九二一）に再興されて田楽研究者に珍重されている。

おもな曲目は乱声《らんじょう》、鋸刃、八拍子、遶道《にょうどう》、二拍子、三拍子、本座駒引、新座駒引、本座水車、新座水車、大足、皆衆会《みなしゅうえ》などで復興のとき編集された『田楽要録』にくわしい。田楽法師の伝統をよくつたえた古典芸能で、無形文化財である。

扇祭は毎年六月十四日と十八日に本社とお滝本飛滝神社でおこなわれたが、現今は七月十四日だけになった。この祭は扇御輿《おうぎみこし》が十二基出るので知られ、高さ三間の木枠に三十二本の扇をかざり、先端に光りとよぶ放射状の杉板をつけた壮大なものである。本社で斎主舞、巫女舞、沙庭舞《さにわ》、田楽舞をすませて扇御輿と馬扇《うまおうぎ》をお滝道の途中まではこぶと、十二本の大松明の迎火が出て、やがて一緒にお滝まで下ってゆく。扇は悪魔をはらうものであるから、一種の神送り、疫神送りを華麗にしたもので、滝まで送って火と水で浄化する意とおもわれる。大滝と大杉を背景に十二本の扇御輿がならべられ、炎々と大松明がもえさかる光景は、他のどこの祭にも見られぬ壮観で、修験道の精神はいまもこの祭にうけつがれていることを感ずるのである。

むすび

私が熊野の魅力にとりつかれてからもう四半世紀になる。昭和十五年が最初の三山巡りだったが、私はそのころ神仏習合をテーマにした卒業論文を書いたので、とくに熊野は興味があった。しかしこの旅行は単なる観光に終った。昭和十八年は灯火管制で夜行列車の海側のブラインドをおろし、満員列車は足のふみ場もないほどで、あわただしくまわった。戦後は昭和三十一年に河出書房の『日本文化風土記』の「熊野信仰と熊野詣」を執筆するため一巡した。戦前とちがって、三山の大社も国家の保護をはなれ、神社信仰の荒廃と相俟って大分つかれているように見えた。

熊野三山は明治政府の強引な神仏分離政策と、修験道禁止令の波をまともにうけ、信仰と経営の混乱をもっともつよく経験した神社である。三山のかがやかしい歴史は修験道の歴史であり、信仰は仏教に裏打ちされた神祇信仰だった。この信仰形態は日本の庶民信仰としてはもっとも自然な姿だったので、これを政策的に禁止したために混乱がおこったのである。

昨今明治百年の評価が各界におこり、神仏分離の功罪も論議の対象になっている。近代思想のあり方として、私はこの分離にも大きな意味があったとおもう。自然に放置しても早晩は分離されたであろう。しかし熊野のように歴史も信仰も、かくも緊密に仏教と神道と庶民信仰がむすびついたところは一ヵ所ぐらいのこしておきたかった。いやのこりえたとすればそれは熊野だけだったかもしれない。しかしこれはあくまでも死児の齢《よわい》をかぞえるの愚にひとしい。それだけに国家権力の介入から解放されてからの、戦後の熊野信仰の再建に私は期待したいのである。

しかし私のそのねがいとはちがった面で熊野は復興してきた。これも不自然といえば不自然な日本の異常な経済復興がもたらした、レジャー・ブームとやらで、観光からの経済復興である。熊野信仰の庶民的再建ができないうちに、こんどは経済という別な権力がのりこんできた形である。どこもここも「金権」とよばれる権力の前に、信仰も歴史も自然も蹂躙《じゅうりん》されている。それはサーベルではなくて甘い蜜で何もかも駄目にしてしまうのである。

しかし熊野はまだ京都や奈良や高野山、比叡山などにくらべれば、観光的未開拓地といえよう。観光の三大条件である風景と社寺（文化）と歴史が熊野にはそろっているわりに、まだ破壊はおよんでいない。それだけに熊野は自然と信仰と歴史を楯に、金権を手玉にとることもできるわけである。それは一に熊野をまもろうとする人々の熱意と団結にかかっている。その結果はほんとうに熊野を愛する人々をひきつけ、信仰と観光の両立が可能になるであろう。

私は本書で熊野を愛する人々の手引になるように、三山の信仰と文化を歴史的に跡づけようとこころみた。しかしこれは私の専門に密着しすぎているために、いちばん書きにくいテーマであった。専門分野では論文は書けても手引は書けないことを、本書でいたくさとらされたのである。それでも本書で熊野のもつ奥行の深さ、謎の深さだけでも知っていただければ、よりいっそう熊野を愛する心は深まるであろう。熊野の謎はまた人の心の謎でもある。この謎は古代から中世の庶民が、われわれにむかってかけた謎である。合理主義に徹した文化人、知識人の心は、合理主義の公式で解ける。しかし非合理的、前論理的な庶民の心は、公式では解けない。熊野の謎はそのような庶民の心の謎である。それは神道理論も、仏教理論も、美学理論もうけつけない。ただわれわれは熊野三山の歴史と遺物を虚心にみつめ、熊野三山の一木一石一径をあじわうよりほかはないのである。

本書の上梓にあたっては、熊野三山の大社と青岸渡寺から全面的な御協力があったことはいうまでもないが、私の本文執筆の資料を惜しみなく提供していただいた、本宮大社九鬼宗隆宮司、新宮大社上野元宮司、那智大社篠原四郎宮司、青岸渡寺高木亮孝貫主にはとくに感謝をささげるとともに、各大社の由緒、所伝にかならずしも添いえなかったことをお詫びしなければならない。

また熊野市教育委員会は専門委員の平、清水両氏とともに取材に協力していただいた。御好意に謝意を表したい。編集の紆余曲折のため淡交新社の岩野俊夫氏、服部友彦氏にも多大の御迷惑をかけた。御苦労にたいして感謝して結びとする。

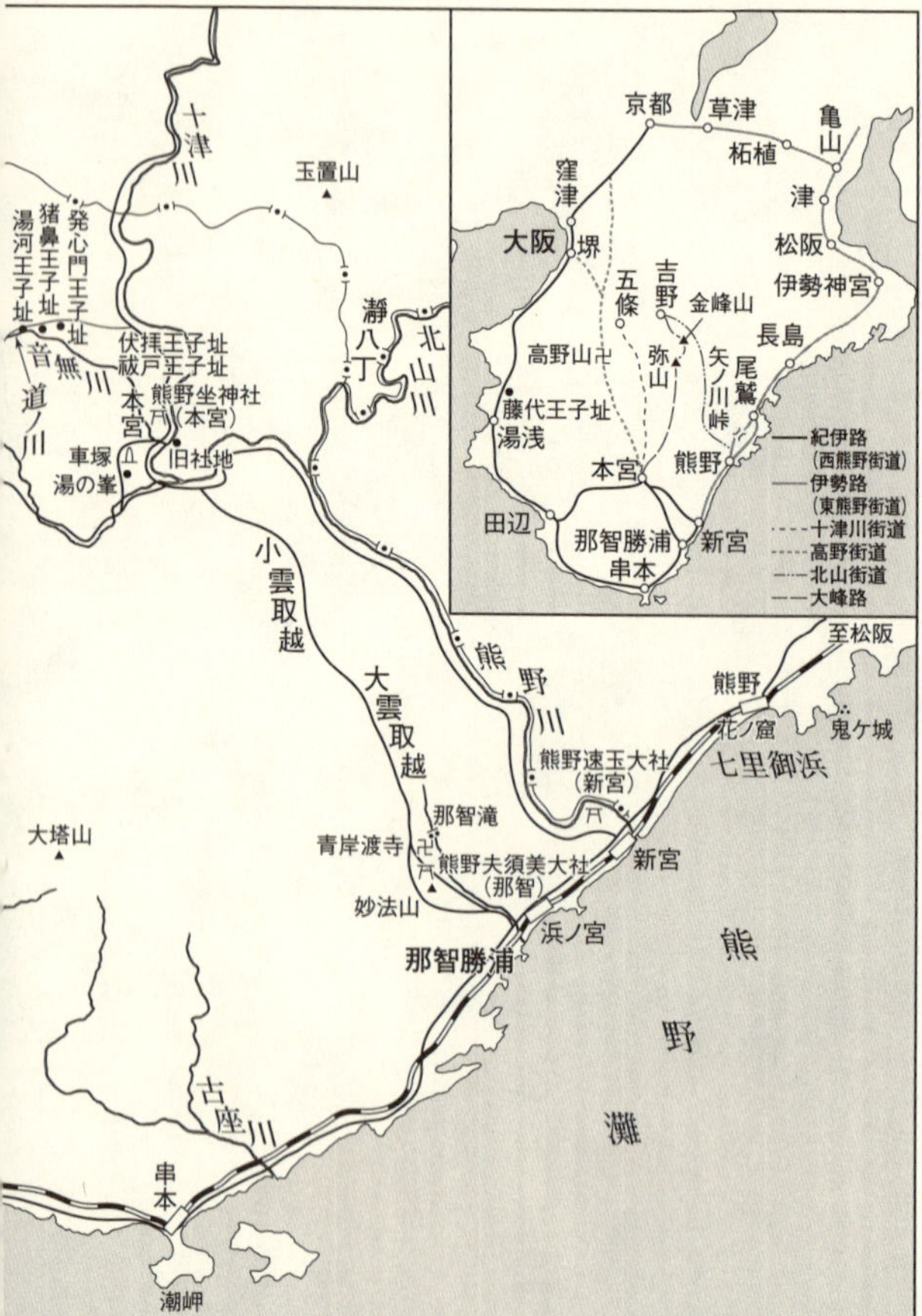
十津川
玉置山
発心門王子址
猪鼻王子址
湯河王子址
伏拝王子址
祓戸王子址
熊野坐神社（本宮）
本宮
音無川
道ノ川
車塚
湯の峯
旧社地
瀞八丁
北山川
小雲取越
大雲取越
熊野川
熊野速玉大社（新宮）
那智滝
青岸渡寺
熊野夫須美大社（那智）
妙法山
那智勝浦
浜ノ宮
新宮
七里御浜
花ノ窟
熊野
至松阪
鬼ケ城
熊野灘
大塔山
古座川
串本
潮岬
京都
草津
亀山
柘植
窪津
津
大阪
堺
松阪
吉野
五條
金峰山
伊勢神宮
長島
高野山
弥山
矢ノ川峠
尾鷲
藤代王子址
湯浅
本宮
熊野
田辺
那智勝浦
新宮
串本
紀伊路（西熊野街道）
伊勢路（東熊野街道）
十津川街道
高野街道
北山街道
大峰路

至大阪
湯浅
日高川
御坊
印南
切目王子址
紀伊水道
岩代王子址
千里王子址
中三栖
上三栖
田辺
下万呂
白浜
湯崎
富田川
紀勢本線
岩田
稲葉根王子址
市瀬
鮎川
潮見峠
滝尻王子址
大阪本王子址
近露王子址
中辺路
千丈山
道湯川
三越峠
岩上峠
小広王子址
日置川
周参見
江住
大辺路
N

熊野路参考地図

KODANSHA

本書は一九六七年、淡交新社から刊行された『熊野詣』を底本に、著作権継承者の諒承を得て、適宜、改行を施し、図版を全面的に入れ替え、再編集したものです。なお本書には、ハンセン病についての記述、また今日では不適切とされる表現が用いられる箇所があります。しかし、説経節や浄瑠璃などで長く伝えられてきた「小栗判官」についての論考であること、文中で著者が述べているように差別助長の意図で使用していないことなどを考慮し、原本刊行時のままとしました。

（編集部）

五来　重（ごらい　しげる）

1908年，茨城県日立市生まれ。東京帝国大学大学院修了，京都帝国大学卒業。高野山大学教授，大谷大学教授を歴任。文学博士。専攻は仏教民俗学。1993年12月没。主著に『増補高野聖』『仏教と民俗』『円空仏―境涯と作品』『微笑仏―木喰の境涯』『山の宗教―修験道』『修験道入門』『踊り念仏』『葬と供養』『善光寺まいり』『鬼むかし―昔話の世界』などがある。

講談社学術文庫

定価はカバーに表示してあります。

熊《くま》野《の》詣《もうで》

五来《ごらい》　重《しげる》

2004年12月10日　第1刷発行
2025年4月3日　第17刷発行

発行者　篠木和久
発行所　株式会社講談社
東京都文京区音羽 2-12-21 〒112-8001
電話　編集（03）5395-3512
販売（03）5395-5817
業務（03）5395-3615

装　幀　蟹江征治
印　刷　株式会社広済堂ネクスト
製　本　株式会社国宝社
本文データ制作　講談社デジタル製作

ISBN4-06-159685-3

「講談社学術文庫」の刊行に当たって

これは、学術をポケットに入れることをモットーとして生まれた文庫である。学術は少年の心を養い、成年の心を満たす。その学術がポケットにはいる形で、万人のものになることは、生涯教育をうたう現代の理想である。

こうした考え方は、学術を巨大な城のように見る世間の常識に反するかもしれない。また、一部の人たちからは、学術の権威をおとすものと非難されるかもしれない。しかし、それはいずれも学術の新しい在り方を解しないものといわざるをえない。

学術は、まず魔術への挑戦から始まった。やがて、いわゆる常識をつぎつぎに改めていった。学術の権威は、幾百年、幾千年にわたる、苦しい戦いの成果である。こうしてきずきあげられた城が、一見して近づきがたいものにうつるのは、そのためである。しかし、学術の権威を、その形の上だけで判断してはならない。その生成のあとをかえりみれば、その根は常に人々の生活の中にあった。学術が大きな力たりうるのはそのためであって、生活をはなれた学術は、どこにもない。

開かれた社会といわれる現代にとって、これはまったく自明である。生活と学術との間に、もし距離があるとすれば、何をおいてもこれを埋めねばならない。もしこの距離が形の上の迷信からきているとすれば、その迷信をうち破らねばならぬ。

学術文庫は、内外の迷信を打破し、学術のために新しい天地をひらく意図をもって生まれた。文庫という小さい形と、学術という壮大な城とが、完全に両立するためには、なおいくらかの時を必要とするであろう。しかし、学術をポケットにした社会が、人間の生活にとってより豊かな社会であることは、たしかである。そうした社会の実現のために、文庫の世界に新しいジャンルを加えることができれば幸いである。

一九七六年六月

野間省一

修験道　その歴史と修行

宮家　準著

平安時代末に成立した我が国固有の山岳信仰。山岳を神霊・祖霊のすまう霊地として崇め、シャーマニズム、道教、密教などの影響のもとに成立した我が国古来の修験道を、筆者の修行体験を基に研究・解明する。

1483

龍樹

中村　元著

一切は空である。大乗最大の思想家が今甦る。真実に存在するものはなく、すべては言葉にすぎない。深い思索と透徹した論理の主著『中論』を中心に、「八宗の祖」と謳われた巨人の「空の思想」の全体像に迫る。

1548

聖書百話

北森《きたもり》嘉蔵《かぞう》著

神とは誰か、信仰とは何か、そして人はいかに生きるべきか……。これらへの答えは聖書にある。神、イエス・キリスト、聖霊、信仰、教会、終末等々の主題の下に、聖書に秘められた真のメッセージを読み解く。

1550

無門関を読む

秋月《あきづき》龍珉《りょうみん》著

無の境地を伝える禅書の最高峰を口語で読む。公案四十八則に評唱、頌を配した『無門関』は『碧巌録』と双璧をなす名著。悟りへの手がかりとされながらも、難解で知られるこの書の神髄を、平易な語り口で説く。

1568

一日一禅

秋月龍珉著（解説・竹村牧男）

師の至言から無門関まで、魂の禅語三六六句。柳緑花紅、照顧脚下、大道無門。禅者が、自らの存在をその一句に賭けた禅語。幾百年、師から弟子に伝わった魂に食い入る禅語三六六句を選び、一日一句を解説する。

1598

空の思想史　原始仏教から日本近代へ

立川武蔵著

一切は空である。神も世界も私すらも実在しない。仏教の核心思想の二千年史。仏教の核心をなす空の思想は、絶対の否定の果てに、一切の聖なる甦りを目指す。印度・中国・日本で花開いた深い思惟を追う二千年。

1600

山崎正一全訳注
正法眼蔵随聞記

道元が弟子に説き聞かせた学道する者の心得。修行者のあるべき姿を示した道元の言葉を、高弟懐奘が克明に筆録した法語集。実生活に即したその言葉は平易で懇切丁寧である。道元の人と思想を知るための入門書。

1622

竹村牧男著
インド仏教の歴史 「覚り」と「空」

インド亜大陸に展開した知と静の教えを探究。菩提樹の下のブッダの正覚から巨大な「アジアの宗教」へ。悠久の大河のように長く広い流れを、寂静への「覚り」と一切の「空」というキータームのもとに展望する。

1638

三枝《さいぐさ》充悳《みつよし》著（あとがき・横山紘一）
世親

唯識の大成者にして仏教理論の完成者の全貌。現代の認識論や精神分析を、はるか千六百年の昔に先取りした精緻な唯識学を大成した世親。仏教理論をあらゆる面で完成に導いた知の巨人の思想と全生涯に迫る。

1642

道元著／増谷文雄全訳注
正法眼蔵 （一）〜（八）

禅の奥義を明かす日本仏教屈指の名著を解読。魂を揺さぶる迫力ある名文で仏教の本質を追究した『正法眼蔵』。浄土宗の人でありながら道元に深く傾倒した著者が繰り返し読み込み、その真髄は何かに肉迫する。

1645〜1652

鈴木大拙著（解説・田上太秀）
禅学入門

大文字版

禅界の巨星が初学者に向けて明かす禅の真実。外国人への禅思想の普及を図り、英語で執筆した自著を自らが邦訳。諸師家と弟子との禅問答を豊富に添えて禅の概要を懇切に説くとともに、修行の実際を紹介する。

1668

五来《ごらい》重《しげる》著
熊野詣 三山信仰と文化

日本人の思想の原流・熊野。記紀神話と仏教説話、修験思想の融合が織りなす謎と幻想に満ちた聖なる空間を宗教民俗学の巨人が踏査、活写した歴史的名著の文庫化。熊野三山の信仰と文化に探るこころの原風景。

1685